企画展だけじゃもったいない

日本の美術館めぐり

浦島 茂世

チェ・ジョンファ《フラワー・ホース》（十和田市現代美術館）撮影：小山田邦哉

GB

はじめに

美術館は企画展がない時でも楽しめる!!

常設・コレクション展こそアート鑑賞の粋

この本は、全国各地の美術館を気負わずにふらりと訪れることができる場所として、その楽しみ方を提案するガイドブックです。

美術館に行きたいと思っているけれども、敷居の高さを感じている方、行列や混雑が苦手で行くのをためらっている方に、ぜひ読んでいただきたいと思っています。

なぜならば、美術館は本来は誰でも気軽に立ち寄れ、ゆったりと自分のペースで鑑賞できる場所だから。時間が許す限り好きなだけ滞在して、好きな作品だけをずっと眺めていてよい場所だからです。

昨今、メディアで紹介されている展覧会は、有名な作家・作品などを

西洋絵画の名品がずらり。写真は2016年、世界遺産に登録されたル・コルビュジエ建築の国立西洋美術館。

テーマに沿って期間限定で展示する、いわゆる「企画展」がほとんどです。また、海外から「来日」する大物名画の展覧会なども、よく話題に取り上げられます。

けれども、美術館の面白さは、期間が限定されている企画展だけではありませんし、一生に一度しか観られない作品ばかりでもありません。

この本に登場する１０２の美術館のほとんどは、個性に富んだ素晴らしいコレクション（所蔵作品）を持っています。それらを鑑賞するだけで、心満ちる体験ができるはずです。

海外の大物に引けをとらない名画にも、あまり知名度はなくても心にグッとくる作品にも出合えます。さらには、企画展では行列必至でほんの数秒しか観られなかった作品を、独り占めして観られることも！

本書を片手に、日本の美術館をめぐる旅に出かけてみてください。

美術館を“普段使い”するポイント

POINT 1

常設展なら マイペースで観られる

日本では大型企画展に注目が集まりがち。でも、企画展に行かないと名画が観られないと思ったら大間違い。**世界に誇れる名画**、そこでしか観られない**門外不出の作品**がコレクション展示室にはたくさん。その上、**比較的ゆったりと**作品鑑賞できるところが多いです。

Ⓐ

静かな空間で作品とじっくり対話できるのは、コレクション展示室ならでは（ひろしま美術館）。

POINT 2

好きな作品を 何度でも楽しむ

「あの名画を観たから、あの美術館に行ったから、もう行かなくていい」と思ってしまうのは残念。見直すたびに新発見のある小説や映画のように、美術作品もまた観ると、**前とは違う気持ちになったり、別の魅力に気がついたり**。そんな体験を美術館でも味わってみて。

常設展は65歳以上入館無料などのお得な制度もある（国立西洋美術館）。

建物もアートの一部として楽しんで。写真は沖縄の城（グスク）をイメージした沖縄県立博物館・美術館。

Ⓓ

POINT
3

作品以外にも見どころ満載

作品鑑賞だけで帰るのは惜しい！　有名な建築家が手がけた**建物**、四季折々の景色で魅せる**庭園**、こだわりメニューのある**カフェレストラン**、作品への理解を深められる**専門図書室**、そして、椅子が心地よくてついつい長居してしまう**休憩エリア**まで、一日では足りないほど楽しめます。

Ⓕ

Ⓔ

POINT
4

自分の好きな作家・作品を見つける

教科書に載っているような名画はもちろん見どころですが、それ以外の作品も決して見劣りしません！　特に**地域ゆかりの作家**を収集しているところはいち押し。**あなたの心に響く作家・作品を見つけて何度でも観られる**のが、常設展・コレクション展の強みです。

何度も観たくなる、お気に入りの作品を見つけよう！（MIHO MUSEUM）。

Ⓖ

Ⓐ東洲斎写楽《三代目市川高麗蔵の志賀大七》1794年（山口県立萩美術館・浦上記念館蔵→P.137）／Ⓑ佐藤忠良《牧羊神》1984年（佐川美術館蔵→P.102）Ⓒ佐藤忠良《牧神》1967年（佐川美術館蔵→P.102）／Ⓓ麩を和のスイーツにアレンジ「麩あんみつ」（サントリー美術館→P.48）／Ⓔピエール・オーギュスト・ルノワール《水浴する女》1891年（DIC川村記念美術館蔵→P.36）／Ⓕ尾形乾山《色絵竜田川文透彫反鉢》江戸時代（岡田美術館蔵→P.62）／Ⓖ佐藤忠良《マーメイド》1990年（佐川美術館蔵→P.102）

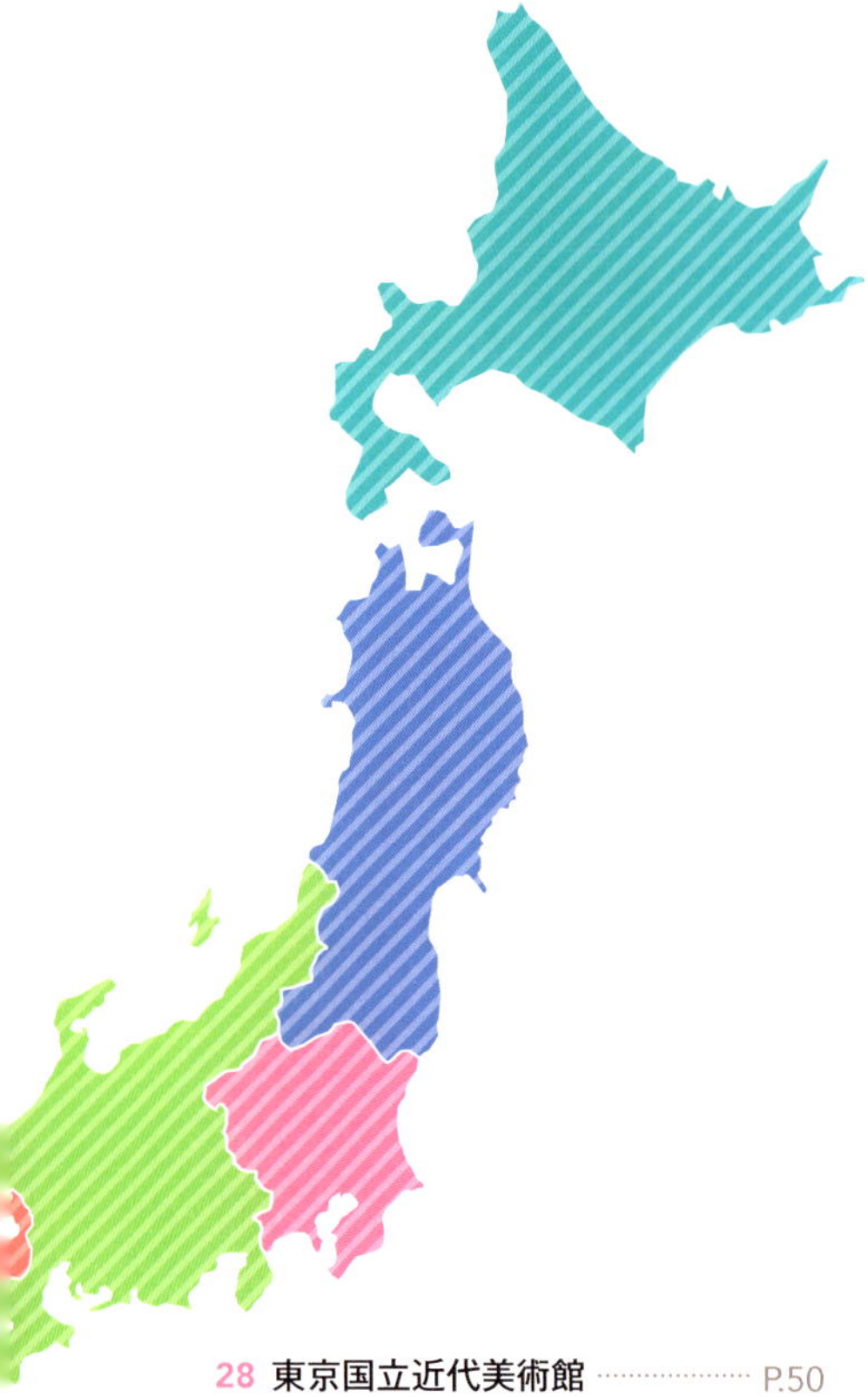

INDEX

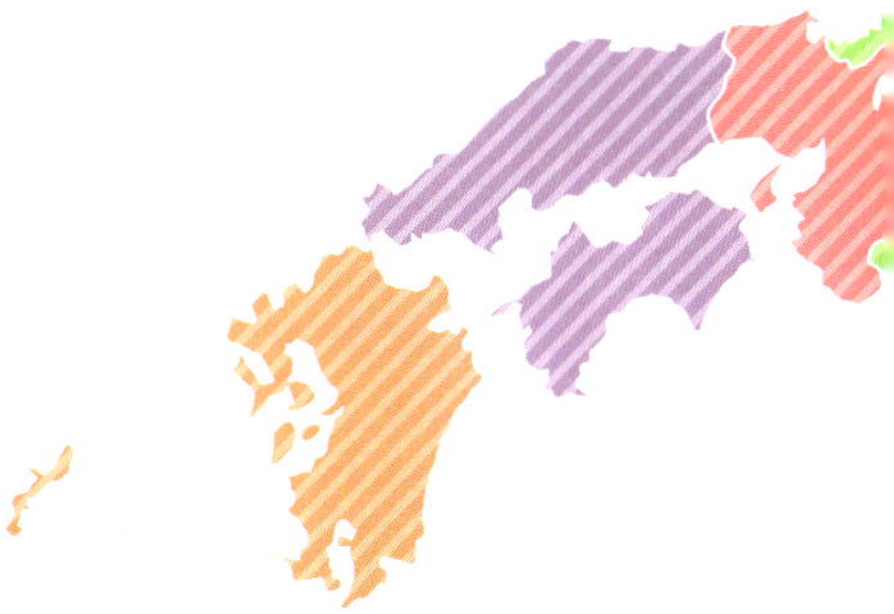

関西 KANSAI

中国・四国 CHUGOKU・SHIKOKU

九州・沖縄 KYUSYU・OKINAWA

日本にはモネ《睡蓮》がたくさん♪

（写真はアサヒビール大山崎山荘美術館）

お目当ての子が展示されているかは、公式サイトをチェック！

（写真は東京国立博物館）

アイコンの見方

常に展示されている作品
※ただし、メンテナンスや天候不良などで鑑賞できないこともあります。

写真撮影ＯＫな作品
※フラッシュ、三脚を利用しての撮影はできません。また、ほかのお客様のご迷惑にならないようご配慮ください。

電話番号

開館時間。展示やイベントなどにより変更することもあり。また、カフェやショップは営業時間が異なることがあります

休館日。諸事情により掲載している日以外に休館することも

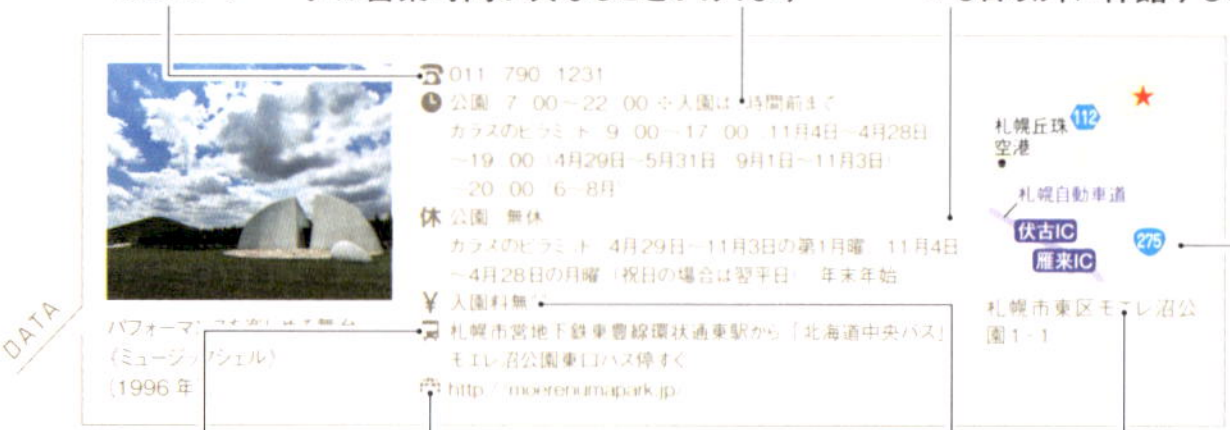

交通アクセス

公式ウェブサイト

入館料。原則コレクション展や常設展の一般（大人）料金

所在地

アクセス地図

※本書に掲載されている作品は、常時展示されているとは限りません。お出かけ前に公式ウェブサイトなどでご確認ください。また、展示室内の写真は撮影時のものです。展示替えなどで変わることがあります。

※各美術館の紹介ページで掲載している作品は、注記している場合を除き、その美術館の所蔵品です。
※閉館30分～1時間前に入館締め切りとなる施設が多いので、お出かけ前にご確認ください。
※施設によっては、学生割引など各種割引があります。詳細は各館にお問い合わせください。
※本書の情報は2017年12月現在のものです。入館料などの価格は税込み表示です。本書の発行後、予告なく変更される場合があります。ご利用の前に、必ず各施設へお問い合わせください。

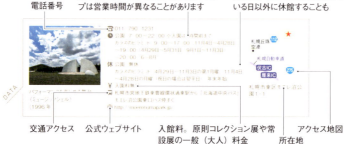

HOKKAIDO
北海道

TOHOKU
東北

KANTO
関東

HOKURIKU・CHUBU
北陸・中部

写真は東京国立博物館【P.38～40】

MUSEUM 01

モエレ沼公園

もえれぬまこうえん

イサム・ノグチ
《テトラマウンド》 1990～96年

芝生で覆われたマウンド上では巨大な円柱越しに空を仰ぎながら、ノグチの彫刻世界を堪能できる。

ダイナミックな構想が実現！ 〝地球を使った〟彫刻作品

札幌駅から地下鉄とバスで約30分。美しい山や池、森のある自然豊かで広大な公園は、実は「全体をひとつの彫刻作品とする」というコンセプトで作られた巨大な彫刻作品。手がけたのは、日系アメリカ人の彫刻家イサム・ノグチです。

もともとゴミ処理場跡地だったこの場所は、23年もの時間をかけ、面積約189ヘクタールの作品として生まれ変わりました。

この公園最大の見どころである造形物は、不燃ごみや公共残土から成型された《モエレ山》。標高62メートルの山頂まで、登るだけでも10分はかかりますが、その眺めは素晴らしいものです。公園全体はもちろん、札幌市内まで見渡すことができます。また、陽の光によって表面の輝き方が変わる《テトラマウンド》や、ノグチの設計した公園遊具など鑑賞ポイントは盛りだくさん。

そして、1日に3～4回、激しく水が波打つショープログラムを見せてくれる《海の噴水》も必見です。

ギャラリーも併設

休憩したい時や雨の日などは、もうひとつのシンボル、《ガラスのピラミッド"HIDAMARI"》を訪れましょう。キラキラした陽光がガラス越しに降りそそぐ建物内には、ノグチの作品作りに関するスケッチやアイディアを紹介するイサム・ノグチギャラリーやショップ、レストランがあり、この場所だけでも楽しい時間が過ごせるはず。

ちなみに、公園内は徒歩で移動できるものの、非常に広大です。なので、天気がよければ、公園入口でレンタサイクルを借りて移動するのがおすすめです。

春は約2000本もの桜に囲まれてお花見、夏は砂浜を模した《モエレビーチ》で水遊び、秋は紅葉、冬は雪遊びが楽しめる、四季折々で見え方が変わる、五感で楽しめる芸術作品です。

《サクラの森》 1982～1995年

モエレ沼公園内の遊具はすべて、イサム・ノグチのデザイン

《サクラの森》にはカラフルな遊具が126基あり、実際に遊べる。《モエレ山》は不燃ごみなどを積み上げて造られた人工の山だ。冬に雪が積もると、そり遊びができる。《ガラスのピラミッド》は単なる四角錘ではなく、ちょっと複雑な形をしている。

《ガラスのピラミッド"HIDAMARI"》
2000～03年

冬の《モエレ山》
2001～04年

DATA

パフォーマンスを楽しめる舞台《ミュージックシェル》（1996年）。

☎ 011-790-1231
公園：7：00～22：00 ※入園は閉園1時間前まで
ガラスのピラミッド：9：00～17：00（11月4日～4月28日）、～19：00（4月29日～5月31日、9月1日～11月3日）、～20：00（6～8月）
休 公園：無休、
ガラスのピラミッド：4月29日～11月3日の第1月曜、11月4日～4月28日の月曜（祝日の場合は翌平日）、年末年始
¥ 入園料無料
札幌市営地下鉄東豊線環状通東駅から「北海道中央バス」モエレ沼公園東口バス停下車すぐ
http://moerenumapark.jp/

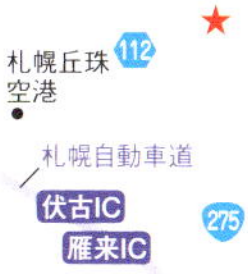

札幌市東区モエレ沼公園1-1

写真提供：モエレ沼公園

MUSEUM 02

北海道立近代美術館

ほっかいどうりつきんだいびじゅつかん

林竹治郎《朝の祈り》1906年

明治期に札幌で美術教師をしていた林自身の家族をモデルにした作品で、第1回文展に北海道から唯一入選を果たした。

エミール・ガレ
《鯉文花器》1878年頃

『北斎漫画』から採られた大きな鯉の図案が印象的なガラス工芸品。

北海道美術の流れをたどって

人気観光スポット、北海道知事公館の向かいにある美術館です。特に観ておきたいのは、エコール・ド・パリと呼ばれた異国の芸術家たちの作品群。芸術家を目指してパリに集い、それぞれ独自の作風を切り開きました。

同館では、彼らのうち、特にジュル・パスキンを積極的に中心に収集、展示しています。また、エミール・ガレやドーム工房などの近代作品から、高橋禎彦《よしひこ》をはじめ、現在活躍中の作家によるガラス作品も充実。ほかにはないラインナップです。そして林竹《はやしたけ》治《じ》郎《ろう》や、神《かん》田《だ》日勝《にっしょう》など北海道にゆかりのある作家の作品もたっぷり鑑賞できます。

ちなみに同館の近くには北海道立三《み》岸《ぎし》好《こう》太《た》郎《ろう》美術館があり、北海道を代表する画家、三岸好太郎の作品を展示しています。こちらもあわせてどうぞ。

DATA

☎ 011-644-6881
🕘 9：30〜17：00　※入館は閉館30分前まで
休 月曜（月曜が祝日または振り替え休日の場合は翌平日）、展示替え期間
¥ 常設展：一般510円、65歳以上・中学生以下無料ほか
※企画展は別途料金
🚌 札幌市営地下鉄東西線西18丁目駅から徒歩5分
🌐 http://www.dokyoi.pref.hokkaido.lg.jp/hk/knb/

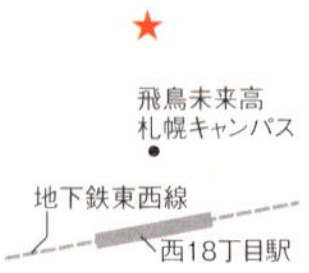

札幌市中央区北1条西17

MUSEUM 03

札幌芸術の森美術館《さっぽろげいじゅつのもりびじゅつかん》

HOKKAIDO

新宮晋《雲の牧場》1990年

「風の彫刻家」こと新宮の代表作。船の帆がモチーフの白い帆は、風の吹き具合によってそれぞれ違った動き方をする。

砂澤ビッキ《四つの風》1986年

高さ5.4メートルもの大木を使った作品。腐食のため倒れていった（写真右）が、「変化を受け入れる」という作家の遺志を尊重してそのまま展示されている。

野外と屋内に2つの美術館

自然いっぱいの敷地に、2つの美術館、佐藤忠良《ちゅうりょう》記念子どもアトリエ、体験工房などのある複合施設です。

中でも砂澤ビッキや福田繁雄《しげお》をはじめ64作家74点の作品が点在する野外美術館は、季節や天候や時間帯で作品の見え方が異なり、何度通っても新しい発見のある場所です。冬は、貸出される輪かんじきを履いて、雪の中で作品を鑑賞できる「かんじきウォーク」が人気。白銀の中で観る彫刻作品はまた違った雰囲気に包まれています。

美術館には近現代の彫刻作品のほか、札幌や北海道にゆかりのある作家の作品、芸術の森にちなんで「森」に関わりのある作品を収集・展示されているのが特徴。10代を札幌で過ごした佐藤忠良作品を観られる子どもアトリエなど、一日をたっぷりと過ごせる場所です。

DATA

☎ 011-591-0090
🕒 9：45～17：00（9～5月）、～17：30（6～8月）
※入館は閉館30分前まで
休 無休（4月29日～11月3日）、月曜（11月4日～4月28日、月曜が祝日または振り替え休日の場合は翌平日）、年末年始
¥ 展示内容により異なる
🚌 札幌市営地下鉄南北線真駒内駅から「北海道中央バス」芸術の森入口・芸術の森センターバス停下車すぐ
🌐 https://artpark.or.jp/

札幌市南区芸術の森2-75

十和田市現代美術館

とわだしげんだいびじゅつかん

エルヴィン・ヴルム
《ファット・ハウス》《ファット・カー》
撮影：小山田邦哉

アート広場にある、太った家と車というユニークな作品。《ファット・ハウス》には実際に中に入ることもできる。

ロン・ミュエク
《スタンディング・ウーマン》
撮影：小山田邦哉

オーストラリア出身のアーティストによる作品。皮ふや髪の毛などが、とてもリアルで観る人は不思議な感覚に陥る。

カフェにはマイケル・リン《無題》。十和田市の伝統工芸・南部裂織から着想を得た花模様のコラージュが広がる。©Mami Iwasaki

国内外の現代美術が集結

いくつもの白いキューブが連なる建物で、インパクトの強い現代美術専門の美術館です。設計は西沢立衛《りゅうえ》。1室に1作品ずつ常設展示されています。

どの角度から観ても巨大な「おばさま」に見つめられているようなロン・ミュエク《スタンディング・ウーマン》をはじめ、現代美術作家33組のドキリとする作品が楽しめます。

展示室ごとに作品が異なるので、その都度、気持ちもリフレッシュされていきます。２０１７年から一部の作品を除き、撮影もＯＫとなりました。

美術館が面する官庁街通りには芸術家がデザインしたストリートファニチャー（ベンチ）、向かいの「アート広場」には草間《くさま》彌生《やよい》らの作品があります。美術館だけでなく街全体でアートを楽しむのも十和田の醍醐味です。

DATA

建物入口には、色鮮やかなチェ・ジョンファの《フラワー・ホース》

☎ 0176-20-1127
🕒 9：00～17：00　※入館は閉館30分前まで
休 月曜（祝日の場合は翌平日）、年末年始
※メンテナンスなどで臨時休館あり
¥ 常設展：一般510円、企画展：一般600円、常設展と企画展：一般1000円ほか　※イベント等で別途料金の場合あり
🚌 JR東北新幹線七戸十和田駅、またはJR東北新幹線ほか八戸駅から「十和田観光電鉄バス」官庁街通バス停より徒歩5分
🌐 http://towadaartcenter.com

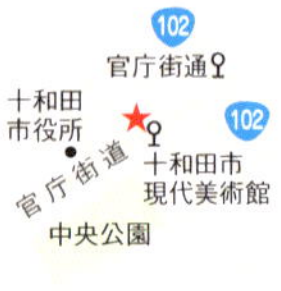

十和田市西二番町
10-9

COLUMN

作品収集コンセプトは十館十色
～十和田市現代美術館～

日本には 1000 以上も美術館があるのに、同じコレクションは
ひとつとしてありません。それは各館で収集方針が異なっているから。
では、その収集方針は、どのように決められているのでしょう？

いつでも観られる アートを街に

同館は、十和田の街全体をアートで盛り上げるプロジェクト「Arts Towada」の中心として開館。空地の増えた官庁街をアートで活気づけるという目的でした。開館までのコンセプト作りの中で、「新しい体験、自然と人間との関わり」をテーマに、恒久的な大型インスタレーション作品を展示することなどが決まっていきました。

子どもたちのはしゃぐ声が飛び交うアートなんて素敵！　アート広場にある草間彌生の《愛はとこしえ十和田でうたう》。
撮影：小山田邦哉

ここでしか会えない 作品だけを

そして選ばれたのは、まさに現在、恒久展示されている作品の数々。アジアや南米も含め、グローバルに活躍する芸術家たちの作品は、この美術館のために作られた、世界にひとつだけのものばかり。美術館は「アートの家」という考え方に基づき、建物もアートに合わせて設計されました。だから、展示数こそ少ないものの世界中から訪問客が訪れています。

スペイン出身アナ・ラウラ・アラエズの《光の橋》は、昼と夜で違う風景を眺められる。恒久展示作品は屋内外合わせて 38 作品。
©Mami Iwasaki

地域に根差したアートを収集！
～茨城県近代美術館～（P.27）もあわせて読んでね!

MUSEUM 05

青森県立美術館

あおもりけんりつびじゅつかん

©Yoshitomo Nara

奈良美智
《あおもり犬》2005年

雪のない時期は屋外で、後ろから眺めたり触ったりしながら鑑賞可能。雪の帽子をかぶっている姿は冬限定（屋内から）。

白壁がまぶしい美術館で 青森ゆかりの作家に出会う

国内最大級の縄文遺跡・三内丸山遺跡に隣接している、白い外観が印象的な美術館です。夜間は、外壁に取りつけられた青いネオンサインが点灯してドラマティックな雰囲気になります。

館内の常設展示では、日本人で初めてヴェネツィア・ビエンナーレで大賞を受賞した板画家の棟方志功《むなかたしこう》、バルタン星人やウルトラマンなどウルトラマンシリーズの怪獣やヒーローのデザインを担当した成田亨《なりたとおる》の原画など、県内出身のアーティストの作品を鑑賞できます（作品は期間ごとに入れ替え）。年3～4回の企画展も開催されています。

作品の中でも一番の人気は、海外でも評価の高い現代美術家・奈良美智《よしとも》による巨大な《あおもり犬》（写真上）。土に半分埋まったかのような彼（?）は、冬場には雪の帽子をかぶり、愛らしさがパワーアップしています。屋外スペースにいるので、冬期以外は無料でふらりと会いに行けるのがうれしいです。

遺跡を連想させる建築

白い外壁の建物は、遺跡の発掘現場で見られるトレンチ（壕）に着想を得た、建築家の青木淳《じゅん》による設計。建物内に土壁や三和土（たたき）があるのも同館ならではです。

注目は高さ9メートル、横幅15メートルという、マルク・シャガールの巨大な4作品（バレエの背景画）が四方の壁に展示されている「アレコホール」です。白い壁の4層吹き抜けというダイナミックな空間で、茶色の土床とのコントラストも面白いので、作品とあわせて注目してみましょう。

地元の食材を使ったカフェや、ミナ ペルホネンによるスタッフの制服、スタイリッシュな案内表示など、細部まで見どころが詰まっています。三内丸山遺跡までは徒歩で10分程度の距離なので、セットでの見学がおすすめです。

棟方志功
《花矢の柵》 1961 年

「日本のゴッホ」と称される、青森県生まれの板画家。青森市内に記念館がある。

棟方志功
《勝鬘譜善知鳥版画曼荼羅》 1938 年

謡曲「善知鳥」に題をとった本作は、官展で初めて受賞した版画作品となった。

成田亨
《ウルトラマン》 1966 年

怪獣デザインで有名な特撮美術監督。また、彫刻家、画家、デザイナーとしての顔も持つ。

DATA

☎ 017-783-3000
🕘 9：30〜17：00（10月〜5月）、9：00〜18：00（6月〜9月）
※入館は閉館30分前まで
休 第2・4月曜（祝日の場合は翌平日）、年末、展示替え期間
¥ 常設展：一般510円ほか　※企画展は別途料金
🚌 JR奥羽本線ほか新青森駅から「あおもりシャトルdeルートバスねぶたん号」県立美術館前バス停下車すぐ、JR奥羽本線ほか青森駅から「青森市営バス」県立美術館前バス停下車すぐ
🌐 http://www.aomori-museum.jp/

青森市安田字近野185

MUSEUM 06

岩手県立美術館

いわてけんりつびじゅつかん

萬鐵五郎
《赤い目の自画像》
1913年頃

岩手県生まれの萬は日本フォービスムの先駆的な画家で、自画像や静物画、風景画を多く描いた。

舟越保武
《原の城》 1971年

舟越は戦後彫刻界を代表する彫刻家。本作は「島原の乱」の舞台・原城跡で得たイメージをもとに制作。

松本竣介《序説》 1939年

画家としての意気込みを感じさせる100号の大作。松本は幼い頃を岩手で過ごした。

岩手代表作家を特別な展示室で

盛岡駅から20分ほど歩いた盛岡市中央公園内にあります。エントランスをくぐると現れる大空間「グランド・ギャラリー」にまず圧倒されます。時おりコンサートなども行われる雰囲気あるグランド・ギャラリーを抜け、階段を上がった先にある常設展エリアには、岩手県にゆかりのある芸術家たちの作品が展示されています。

中でも専用の展示室が設けられている作家が3名います。当時の西洋絵画の流行と東洋の伝統技法を融合させ、独自の画風を作り上げた萬鐵五郎《よろずてつごろう》、静《せい》謐《ひつ》な都会の風景を描いた松本竣介《しゅんすけ》、松本と高校の同級生で、カトリック信仰に基づいた作品を残した彫刻家の舟越《ふなこし》保武《やすたけ》です。代表作を含めたっぷりと鑑賞できます。館内レストランも眺めのよい場所でおすすめです。

DATA

☎ 019-658-1711
🕘 9:30〜18:00　※入館は閉館30分前まで
休 月曜（祝日、振り替え休日の場合は翌平日）、年末年始
¥ 常設展：一般410円ほか　※企画展は展示内容により異なる
🚌 JR東北本線ほか盛岡駅から「岩手県交通バス盛南ループ200」県立美術館前バス停下車すぐ、またはタクシーで5分
🌐 http://www.ima.or.jp/

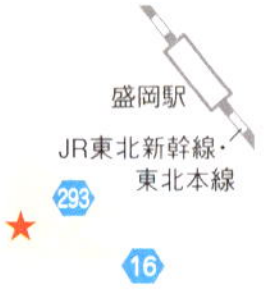

盛岡市本宮字松幅
12-3

MUSEUM 07

宮城県美術館

みやぎけんびじゅつかん

ヴァシリー・カンディンスキー
《商人たちの到着》
1905 年

30 点以上のカンディンスキー・コレクションの中でも大作。テンペラやグワッシュを使う「彩色ドローイング」という技法で描かれた。

松本竣介
《画家の像》
1941 年

1941 年の二科展に出品された作品。松本の自画像の後ろに都市の風景が描かれている。

佐藤忠良
《帽子・夏》
1972 年

現代日本の具象彫刻を代表する佐藤の名作「帽子シリーズ」の一作。

佐藤忠良彫刻とドイツ系絵画が充実

宮城県のみならず、東北出身の画家の作品を収蔵・展示しています。ドイツを中心とした海外の近代美術も積極的に収集しており、カンディンスキーやシーレなどの作品が粒揃い。特にクレーのコレクションは35点もあり、国内の美術館では最大級です。

加えて、銀座で画廊を営みつつ『気まぐれ美術館』などの随筆を残した洲《す》之《の》内徹《うちとおる》のコレクションなど、個人が生涯をかけて収集した上質なコレクションも見逃せません。

本館の隣には宮城県出身の彫刻家、佐藤忠良《ちゅうりょう》記念館があり、数十点の彫刻作品やデッサンなどが展示されています。美術館の周りには、国内外の彫刻作品が設置された趣の異なる4つの庭が設けられており、のんびり散策するのもおすすめです。

TOHOKU

DATA

※佐藤忠良記念館は、2018年4月15日まで空調改修工事のため休館予定

☎ 022-221-2111
🕒 9:30〜17:00　※チケット販売は閉館30分前まで
休 月曜（祝日の場合は翌平日）、臨時休館日
¥ コレクション展示：一般300円ほか　※特別展は展示内容により異なる
🚃 仙台市営地下鉄東西線国際センター駅、または川内駅から徒歩7分
🌐 http://www.pref.miyagi.jp/site/mmoa/

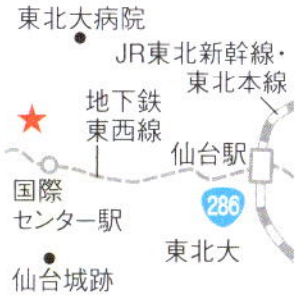

仙台市青葉区川内元支倉34-1

MUSEUM 08

感覚ミュージアム

かんかくみゅーじあむ

《エアートラバース》
2000年

屋根はすべて天窓、壁・床は鏡張り。雲の映り込んだ不思議な空間で、ちょっと変わった空中散歩はいかが。

《ハートドーム》
2000年

中央にある窪みに身を委ね、音楽に耳を傾けていると……。幻想的な色彩の変化を楽しめる。

福井裕司
《サークル・ン・サークル》
2000年

宮城県出身アーティストによる「人力落書きマシーン」。手足を大いに活用して落書き体験。

五感を刺激して体も心も満足

視覚や聴覚、触覚に嗅覚など〝五感〟をテーマにしたミュージアムです。展示はダイアローグゾーン（身体感覚空間）と、モノローグゾーン（瞑想空間）の2つから構成されています。

やや難しそうに感じるかもしれませんが、壁や床が鏡張りで、空中を歩いているような気分になれる《エアートラバース》や、寝た状態でペダルを漕ぎ、チョークで落書きをする《サークル・ン・サークル》など、大人も子どもも夢中になれるものばかり。時間を忘れて楽しめます。こうして館内をめぐって行くと、自分の五感が研ぎ澄まされていくような感覚を味わえます。

楕円形の広場を取り囲むように作られた特徴的な建物は、東京藝術大学大学美術館なども手がけた六角鬼丈《ろっかくきじょう》の設計。屋上からの眺めも楽しんでみて。

DATA

☎ 0229-72-5588
🕒 9：30～17：00　※入館は閉館30分前まで
休 月曜（祝日の場合は翌平日）、年末年始
¥ 一般500円ほか
🚌 JR陸羽東線岩出山駅から徒歩7分
🌐 http://www.kankaku.org/

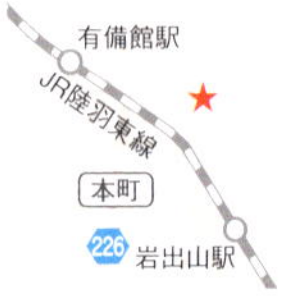

大崎市岩出山字下川原町100

MUSEUM 09

土門拳記念館

どもんけんきねんかん

土門拳
《室生寺弥勒堂釈迦如来坐像 左半面相》1966年頃

土門のライフワークでもある『古寺巡礼』は昭和14（1939）年、奈良の室生寺（むろうじ）に始まったという。

土門拳
《傘を回すこども》1937年頃

土門はポケットにお菓子を忍ばせては子どもたちの輪に溶け込み、その生き生きとした姿をたくさん撮影した。

草月流の第三代家元・映画監督の勅使河原宏が手がけた庭《流れ》は、企画展示室の椅子からどうぞ。

著名クリエイターの力が結集

「リアリズム写真」を提唱し、戦前・戦後の社会をレンズ越しに追求した写真家の土門拳。その傍らで子どもや仏像などをこよなく愛し『筑豊のこどもたち』や『古寺巡礼』などの作品で日本写真史に大きな足跡を残しました。彼の作品を約7万点所蔵、公開している日本最初の写真専門美術館です。

建物は谷口吉生《たにぐちよしお》の設計。勅使河原宏《てしがはらひろし》による庭園、イサム・ノグチによる中庭の彫刻やベンチがあり、はたまた、東京五輪ポスターをデザインした亀倉《かめくら》雄策《ゆうさく》が銘板やチケットのデザインを手がけるなど、土門と親交のあった芸術家たちが美術館作りに参画。展示だけでなく、建物や庭園、細部に至るまで見どころ満載です。また、美術館のある飯森山公園はアジサイの名所として有名。ぜひ一緒に楽しんでみて。

DATA

中庭にイサム・ノグチの《土門さん》が立つ。

☎ 0234-31-0028
🕒 9：00～17：00　※入館は閉館30分前まで
休 無休（4～11月　※展示替えのため臨時休館する場合あり）、月曜（12～3月、祝日の場合は翌火曜）、年末年始
¥ 一般430円ほか　※特別展期間中は変更する場合あり
🚃 JR羽越本線ほか酒田駅から「酒田市福祉乗合バス（るんるんバス）」土門拳記念館バス停下車すぐ
🌐 http://www.domonken-kinenkan.jp/

酒田市飯森山2-13

MUSEUM 10

山形美術館

やまがたびじゅつかん

TOHOKU

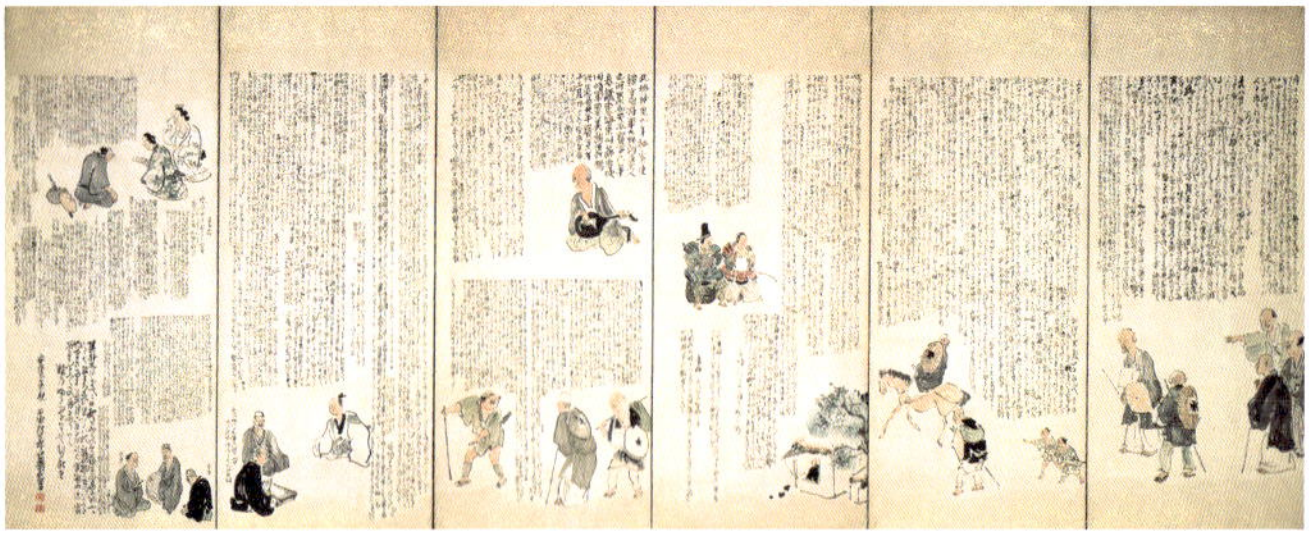

与謝蕪村《奥の細道図屏風》
安永8（1779）年

長谷川コレクションの代表作。蕪村が屏風に「おくのほそ道」本文を書写し、俳画を描き加えた。

ポール・セザンヌ
《サンタンリ村から見たマルセイユ湾》
1877～79年

吉野石膏から山形美術館に寄託された「吉野石膏コレクション」の代表作。セザンヌは近代絵画の父と呼ばれた画家。

クロード・モネ
《テムズ川のチャリング・クロス橋》
1903年

こちらも「吉野石膏コレクション」の人気作。霧をテーマにロンドン滞在時に描かれた。

フランス絵画も日本絵画も豊富

地元企業グループが主導し、県や市が全面協力する形で財団法人を設立、1964年開館という、ユニークな成り立ちの美術館です。現在の建物は大きな屋根が印象的な3階建てで、1985年に建設されました。

コレクションごとに専用の常設展示室で展示されています。ひとつ目は山形県出身で日本近代彫刻のけん引役となった新海竹太郎とその甥・新海竹蔵《しんかいたけぞう》の作品群。そして、与謝蕪村《よさぶそん》《奥の細道図屏風》（重要文化財）をはじめ、江戸時代の狩野派、文人画、円山四条派《まるやましじょうは》を系統的にたどれる長谷川コレクション、モネやルノワールなど印象派やピカソなどキュビスムを含むフランス近代絵画が揃う吉野石膏コレクションなどです。山形城跡の霞城公園近くなので、アート鑑賞後に歴史散歩もどうぞ！

DATA

☎ 023-622-3090
🕒 10：00～17：00　※入館は閉館30分前まで
休 月曜、年末年始、展示替え期間など
¥ 常設展：一般500円ほか　※特別展・共催展は展示内容により異なる
🚌 JR山形新幹線ほか山形駅から「山交バス」美術館前バス停より徒歩3分、「山形市中心街100円循環バス」霞城公園（大手門パルズ）前バス停より徒歩4分
🌐 http://www.yamagata-art-museum.or.jp/

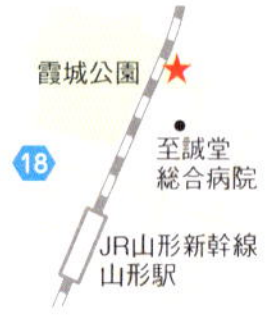

山形市大手町1-63

MUSEUM 11

秋田県立近代美術館

あきたけんりつきんだいびじゅつかん

小田野直武《唐太宗・花鳥山水図》1770年代

中国の昔の王を描いた作品。人物の服に陰影法、床部分に遠近法を用いている。小田野は武士で、西洋の絵画を学んだ。

小田野直武《不忍池図》1770年代

遠近法と立体感を出す影の表現を学んで描いた作品。年一度の公開期間はウェブサイトを要チェック。

藩主もたしなんだ秋田蘭画の名画

テーマパーク秋田ふるさと村内にある、江戸時代中・後期から近代以降の美術作品を収集・展示する美術館です。

特筆すべきは秋田蘭画のコレクション。秋田蘭画は、蘭学が盛んだった江戸で西洋画を知り、書画をたしなむ秋田藩主や家臣らによって生み出されました。西洋画の遠近法や陰影法を日本画に取り入れ、幻想的な雰囲気も漂わせた絵画です。中でも秀でていた小田《おだ》野《の》直武《なおたけ》は、杉田玄白《げんぱく》・前野良沢《りょうたく》による『解体新書』の挿図も描いています。歴史の教科書できっと見たことのある、あの絵です。重要文化財に指定されている本ページの2作品は彼の代表作です。

ちなみに、美術館のある秋田ふるさと村は、野外彫刻が30点以上も配置された隠れたアートスポット。こちらの野外散策も楽しみましょう。

DATA

※2018年2月1日～3月31日は改修工事のため休館予定

☎ 0182-33-8855

9：30～17：00　※入館は閉館30分前まで

休 年末、1月のメンテナンス期間

¥ 無料 ※特別展は有料（展示内容により異なる）

JR奥羽本線ほか横手駅から「シャトルバス」ふるさと村バス停下車すぐ

http://www.pref.akita.jp/gakusyu/public_html/

横手市赤坂字富ヶ沢62-46

諸橋近代美術館《もろはしきんだいびじゅつかん》

サルバドール・ダリ《テトゥアンの大会戦》1962 年

1860 年のスペイン軍モロッコ進駐を主題とした油彩画。騎馬兵の中に、ダリと妻ガラの姿が描かれている。

不思議世界へようこそ！ 世界三大ダリ美術館のひとつ

ぐにゃりと溶けた時計や、足が異様に長い象など、一度観たら忘れられない不思議なモチーフの作品を作り続けたスペイン出身の芸術家、サルバドール・ダリ。パートナーのガラとともに、生涯にわたって世間を驚かせる存在であり続けました。

美しい自然の広がる会津磐《あいづばん》梯《だい》高原にあるこの美術館は、スペインのフィゲラス、アメリカのフロリダにある美術館に続く、大規模なダリのコレクションを保有しています。

これらの作品は福島県の実業家、諸橋廷蔵《もろはしていぞう》が収集していたもので、ダリ収蔵点数は約３４０点に及びます。特に彫刻のコレクションは37点と膨大で、不思議なフォルムの彫刻がずらりと並ぶ展示ホールは圧巻の空間です。

館内には、ダリ作品をモチーフにしたユニークなオリジナルグッズが充実したショップや、窓越しに磐梯山を眺められるカフェなど、ゆったりと過ごせるスポットもたくさんあります。

ダリ以外の作品も

注目するべき収蔵作品はダリだけではありません。印象派からシュルレアリスムまでの絵画作品をはじめ、現代美術家パメーラ・ジューン・クルックの独特な作品群も目玉といえます。クルックは、プログレッシブロックバンドのキング・クリムゾンのアルバム・ジャケットを90年代後半からずっと手がけている、イギリスを代表するアーティストです。

　そして、館内に並んだ作品とともにぜひ見ておきたいのは、中世の馬小屋をイメージした建物です。よく晴れた日には、池の水面に建物が映り込み、幻想的な風景を見ることができます。なお、美術館は冬期に長期休業に入るので、訪れる際は公式ウェブサイトで確認しましょう。

外光が多く差し込む天井高9メートルの展示ホールには、ダリの彫刻作品が並ぶ。

パメーラ・ジューン・クルック
《フード オン ザ ストリート》 1995 年

額縁まで描かれたり、変形的なキャンバスが使われたりするのが特徴のクルックの絵。

パメーラ・ジューン・クルック
《ジャポニカ》 2001 年

クルックは子育ての合間に絵を描き始めたという。日本をテーマにした一作。

DATA

☎ 0241-37-1088
🕘 9：30～17：30（4～10月）、～17：00（11月）
※入館は閉館30分前まで ※天候状況により変更の場合あり
休 12月1日～4月19日、展示替え期間（展覧会会期中は無休）
¥ 一般950円ほか
🚌 JR磐越西線猪苗代駅から「磐梯東都バス」諸橋近代美術館前バス停下車すぐ
🌐 http://dali.jp/

耶麻郡北塩原村大字桧原字剣ヶ峯1093-23

MUSEUM 13

茨城県近代美術館

いばらきけんきんだいびじゅつかん

中村彝
《カルピスの包み紙のある静物》
1923年

中村彝は水戸市出身の洋画家。本作は関東大震災の直後、画家の死の前年に描かれた。

横山大観
《流燈》
1909年

インド旅行時に想を得た作品。文展に、北茨城市の五浦から出品して好評を博した。

千波湖を眺めながら食事ができるカフェ&レストラン「プティ・ポワル」。企画展に合わせたメニューが人気。

自然の中に溶け込んだ美術館

日本三名園のひとつ、偕楽園《かいらくえん》に近い千波湖《せんばこ》のほとりにあります。緑青色の銅板葺きの屋根と、壁にポルトガル産花崗岩を使った格調高い建物は、奈良国立博物館西新館などに関わった吉村順三《じゅんぞう》が設計しました。茨城県にゆかりのある画家・横山大観《たいかん》や小川芋銭《うせん》、中村彝《つね》らの作品を中心に4000点ほどが収蔵・展示されています。

展示解説員によるミニガイドが開催され、絵画鑑賞のヒントを与えてくれます。また、大正時代に活躍した中村彝のアトリエが新築復元され、内部には生前に使用していた椅子やイーゼルなどの遺品が展示されています。ちなみに、東京都新宿区下落合にあるアトリエは、当時の建築部材などを再利用して復元したもので見学可。両方を見比べてみるのもよいかもしれません。

DATA

029-243-5111
9：30～17：00 ※入館は閉館30分前まで
休 月曜（祝日の場合は翌平日）
¥ 所蔵作品展：一般310円、70歳以上無料ほか
※企画展は展示内容により異なる
JR常磐線ほか水戸駅から徒歩20分、または「茨城交通バス」「関東鉄道バス」文化センター入口バス停より徒歩5分
http://www.modernart.museum.ibk.ed.jp/

水戸市千波町東久保666-1

COLUMN

作品収集コンセプトは十館十色
～茨城県近代美術館～

公立美術館の多くが「地域ゆかりの芸術」を収集方針に掲げています。それは一体なぜ？
日本の近代絵画の発展に尽力した岡倉天心の門下生たちや、
茨城県生まれの洋画家・中村彝らの作品を収集・展示する美術館に伺ってみると……。

その土地に縁のある作家・作品を集めて

芸術家は多くのものごとから影響を受け、作品に投影させていきます。海外からの最先端の芸術はもちろんのこと、自分や親族の生まれ故郷、そこに伝わる文化や風土にも、作家たちは感化されます。それはつまり、ある地域にゆかりを持つ芸術家の研究を深めていくと、その地域そのものの特性も見えてくるということかもしれません。

館内に所蔵作品展を行う展示室は2室ある。所蔵作品展では、茨城にゆかりのある作家の作品が数多く並ぶ。

作家・作品を通して土地への愛着が深まる

だからこそ、公立美術館は地域ゆかりの作家を収集・研究していくのが使命ともいえます。茨城県の五浦《いづら》に活動の拠点を移した岡倉天心に帯同した門下生たち、水戸藩士の家に生まれた中村彝らの作品を収集・展示するこちらの美術館も同じです。地域ゆかりの作家・作品を知ると、その地域の知らなかった魅力や歴史に気づくことがきっとできるはずです。

所蔵作品展は年に数回展示替えして開催。モネやルノワールなど西洋の近代美術も所蔵しているので、見ごたえ抜群です。

今をときめく現代アートが凝縮!
～十和田市現代美術館～（P.15）もあわせて読んでね！

水戸芸術館《みとげいじゅつかん》 現代美術ギャラリー《げんだいびじゅつぎゃらりー》

日本を代表するユニークな建築家・建築史家の個展「藤森照信展ー自然をいかした建築と路上観察」の展示風景（2017年開催）。
撮影：山中慎太郎（Qsyum!）

人気の現代美術家による個展では、展示室の特徴をいかした展示が行われた。「山口晃展　前に下がる 下を仰ぐ」（2015年開催）。
撮影：表恒匡

城下町にそびえる高層タワーが目印

水戸芸術館は専属楽団や劇団を持つコンサートホール、劇場、そして現代美術ギャラリーからなる複合文化施設です。ギャラリーでは、年４回のペースで開催される自主企画展に重点が置かれています。常設展示こそないものの、ジェームズ・タレルやイリヤ・カバコフなど世界的に著名な作家から、田中功起《こうき》や山口晃《あきら》など日本を代表する作家の個展、デザインや建築、サブカルチャーなど様々なジャンルを横断するグループ展まで、独自の展覧会が開催されています。

また、若手作家の新作を中心に紹介する「クリテリオム」は、20年以上続く人気の企画展です。

敷地内には建物同様、磯崎新《いそざきあらた》設計の高さ１００メートルの塔もあり、展望室からは水戸市内を見渡せます。

DATA

☎ 029-227-8111
9：30〜18：00　※入場は閉館30分前まで
休 月曜（祝日の場合は翌平日）、年末年始
¥ 一般800円、65歳以上・中学生以下無料ほか
※塔の入場料は一般200円ほか
JR常磐線ほか水戸駅からバスで泉町1丁目バス停より徒歩２分
http://arttowermito.or.jp/

水戸市五軒町1-6-8

MUSEUM 15

宇都宮美術館

うつのみやびじゅつかん

ルネ・マグリット《大家族》1963 年

20 世紀のシュルレアリスムを代表する、ベルギー出身の画家。超現実的な画題を多く描いた。

ラウル・デュフィ
《ピエール・ガイスマール氏の肖像》1938 年

「色彩の魔術師」とも称されるフランスの画家。鮮やかな色彩と軽やかなタッチの作風で人気。

ワシリー・カンディンスキー
《鎮められたコントラスト》1941 年

ロシア生まれの画家で、30 歳の時に画家を志した抽象絵画の先駆者による一作。

森の中で 20 世紀美術を

宇都宮駅からバスで約25分、うつのみや文化の森公園の中にある美術館です。大谷石《おおやいし》をふんだんに使った建物は、最高裁判所も設計した岡田新一の設計。3つの展示室を結ぶ中央ホールや廊下には太陽の光が差し込み、いつも爽やかさを感じられる空間です。

コレクションはシャガール、カンディンスキーなどの20世紀以降の美術作品と、ミュシャのポスター、ミース・ファン・デル・ローエやマルセル・ブロイヤーの椅子など、同じく20世紀以降のデザイン製品が中核。中でも、鳩のシルエットに青空が描きこまれたマグリット《大家族》は、1997年開館以来、シンボル的作品となっています。

公園内にも野外彫刻があります。バスは1時間に1本ほどなので、待つ間にゆったり鑑賞してみてはいかが？

KANTO

DATA

☎ 028-643-0100
9：30～17：00　※入館は閉館30分前まで
休 月曜（祝日の場合は翌平日）、祝日の翌日（土・日曜、祝日の場合は開館）
¥ コレクション展：一般310円ほか　※企画展は展示内容により異なる
JR東北本線ほか宇都宮駅から「関東バス」宇都宮美術館バス停下車すぐ、またはタクシーで20分
http://u-moa.jp/

宇都宮市長岡町1077

MUSEUM 16

埼玉県立近代美術館

さいたまけんりつきんだいびじゅつかん

ピエール・
オーギュスト・
ルノワール
《三人の浴女》
1917〜19年

印象派の巨匠が晩年に描いた裸婦像。赤や橙色、黄色など温かみのある色彩で、美術館コレクションを代表する作品のひとつ。

噴水とともに音楽が流れる音楽噴水。夕方からのライトアップは必見!

個性的な椅子《マリリン／ボッカ(口)》(1970年)は実際に座れる。時間が経つのを忘れてしまいそう。

名作の椅子に座れる美術館

「鎌倉文士と浦和画家」といういい回しがあるほど画家の多かった旧浦和市(現・さいたま市浦和区)にある美術館です。晩年浦和に在住した瑛九《えいきゅう》のほか、モネやピカソなどの巨匠から、活躍中の美術家まで、国内外の近現代作品を収集・展示しています。

また、「椅子の美術館」という異名があるように、椅子のコレクションも特徴的。常時、数十種類の椅子が館内のあちこちに展示され、自由に座れます。観るだけでなく、体全体を使って制作者の思いを感じられる貴重な場所です。

ちなみに、美術館のある北浦和公園には、美術館の建物を設計した黒川紀《き》章《しょう》による「中銀カプセルタワー」のカプセルも設置されています。美術館前の噴水の中にも、芸術作品があります。美術館の外も要チェックです。

DATA

☎ 048-824-0111
🕒 10：00〜17：30　※展示室への入場は閉館30分前まで
休 月曜（祝日または県民の日の場合は開館）、年末年始、メンテナンス日
¥ 入館無料、収蔵品展：一般200円ほか　※企画展は展示内容により異なる
🚃 JR京浜東北線北浦和駅から徒歩3分
🌐 http://www.pref.spec.ed.jp/momas/

さいたま市浦和区常盤
9-30-1

MUSEUM 17

ハラ ミュージアム アーク

草間彌生
《ミラールーム
（かぼちゃ）》
1991年
撮影：上野則宏

同館の人気作品。一歩足を踏み入れると、瞬く間に異空間に。カフェではこの作品をイメージしたケーキを楽しめる時もある。

書院造りをイメージした観海庵。現代美術と東洋古美術が出会う小宇宙。

オラファー エリアソン
《Sunspace for Shibukawa》
2009年
©2009 Olafur Eliasson

晴天時に虹の現象を体験できる屋外作品。扉の先にあるものは……実際に観てからのお楽しみ。

リゾート地で現代アートと古美術

国内外の現代美術を収集・展示する、東京都品川区にある原美術館の別館です。のどかな牧場の隣にあります。

現代美術ギャラリーには、草間彌生や1950年以降に制作された作品が並びます。その一方で、館長の曾祖父に当たる明治の実業家、原六郎が収集した日本・東洋古美術を展示する特別な展示室「観海庵《かんかいあん》」もあり、そのコントラストがユニークです。「観海庵」では、南宋時代の国宝《青磁下蕪花瓶》や狩野永徳《虎図》などが、期間ごとに入れ替え展示されています。

晴れた日は、屋外アートや磯崎新が設計した厩舎風の建物を眺めながらゆっくり散策しましょう。併設の「カフェ ダール」では、きれいな芝生を眺めながら、展示作品をイメージしたケーキやランチを味わえます。

DATA

建物入口にある、ジャン=ミシェル オトニエルの作品《Kokoro》（2009年）。撮影：白久雄一

☎ 0279-24-6585
🕘 9：30～16：30　※入館は閉館30分前まで
休 木曜（祝日、8月を除く）、展示替え期間、冬期、1月1日
¥ 一般1100円、70歳以上550円ほか
🚌 JR上越線渋川駅から「関越交通バス」グリーン牧場前バス停下車すぐ、またはタクシーで10分
🌐 http://www.haramuseum.or.jp/

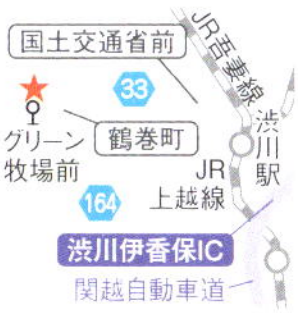

渋川市金井2855-1

MUSEUM 18

群馬県立館林美術館

ぐんまけんりつたてばやしびじゅつかん

大きな窓から中庭を望む展示室1には、ポンポンの動物彫刻などが展示されることが多く、自然の中で作品を鑑賞しているような気持ちになれる。

フランソワ・ポンポン
《シロクマ》 1923～33年
《大黒豹》 1930～31年

ポンポンは生涯で約170種の動物彫刻、70点ほどの人物彫刻を生み出した。写真右の《シロクマ》は大理石、左の《大黒豹》はブロンズ。

かわいい動物彫刻に出会える

白鳥の飛来地である多々良《たたら》沼近くに2001年に開館。「自然と人間の関わり」をモットーに、自然との調和や共生、対峙などを表現した作品を国内外から収集しています。

注目はフランス出身の彫刻家、フランソワ・ポンポンの彫刻群。巨匠ロダンの工房で下彫り職人として評価されていた彼は、動物彫刻に目覚めます。シンプルさの中に動物の力強さや躍動感を表し、かわいらしさも残した作風へと到達しました。本館隣接の別館には、彼のアトリエの再現もあります。

広々とした芝生に囲まれたモダンな建物は、数々の大学キャンパスを手がけてきた第一工房によるもの。大きくカーブを描くガラス張りの展示室や庭に面した本館の廊下など、建物そのものも魅力的です。

DATA

☎ 0276-72-8188
🕘 9：30～17：00 ※入館は閉館30分前まで
休 月曜（祝日・振り替え休日の場合は翌平日）、年末年始、展示替え期間など
※4月29日～5月5日、8月15日を含む週は休館なし
¥ 展示内容により異なる
🚌 東武伊勢崎線館林駅から「館林市内路線バス」県立館林美術館前バス停下車すぐ
🌐 http://www.gmat.pref.gunma.jp/

館林市日向町2003

千葉市美術館

ちばしびじゅつかん

喜多川歌麿
《納涼美人図》
1794〜95 年頃

「美人画といえばこの作家」と呼べる大成者の残した肉筆画の珍しい優良作。

平塚運一
《諫早眼鏡橋》
1940 年

平塚は近代日本を代表する創作版画家で、戦後アメリカに渡り、力強い黒白の構成による新たな造形を開拓した。

石井林響（りんきょう）
《王者の瑞》（部分）
1918 年

林響は千葉市生まれの画家。本作は中国の聖帝（優れた天子）と伝説上の麒麟（きりん）を描いた屏風の左隻。

江戸絵画や浮世絵が充実

コレクションは、伊藤若冲《じゃくちゅう》など江戸時代を中心とした近世日本美術、日本の現代美術、そして千葉県銚子市のしょう油醸造業の家で育った版画家・浜口陽三をはじめとする房総にゆかりのある作家の作品が核となっています。

とりわけ版画、版本の充実ぶりは素晴らしいもの。鈴木春信や東洲斎写楽《とうしゅうさいしゃらく》、葛飾北斎ら江戸時代の浮世絵から、近年人気の小林清親《きよちか》、吉田博ら明治〜昭和時代の作家まで揃っています。意欲的な展覧会も数多く企画されており、いつ訪れても刺激的で楽しい場所です。

同館は空襲を逃れた1927年築の銀行建築を覆うように作られた（さや堂と呼ぶ）建物の上階部分にあります。1階にあるネオ・ルネサンス様式のさや堂ホールもポイントのひとつなのでお見逃しなく。

DATA

☎ 043-221-2311
🕒 10:00〜18:00、金・土曜〜20:00 ※入館は閉館30分前まで
休 第1月曜（祝日の場合は翌平日）、年末年始、展示替え期間
¥ 展示内容により異なる ※千葉市在住65歳以上は所蔵作品展無料
🚃 千葉都市モノレール葭川公園駅から徒歩5分、JR外房線ほか千葉駅から徒歩15分、または「京成バス」中央3丁目バス停より徒歩3分
🌐 http://www.ccma-net.jp/

千葉市中央区中央3-10-8

MUSEUM 20

ホキ美術館

生島浩
《5：55》
2007〜2010年

大阪在住の画家による、近所の公民館で働いていた女性をモデルにした作品。同館のポストカードで特に人気の作品なのだとか。

写真よりもリアル！な写実絵画の世界へ

日本で唯一の写実絵画専門の美術館です。実業家でコレクターの保木《ほき》将夫《まさお》が収集した約50作家450点の絵画を、テーマや期間を設けて順次展示しています。

写実絵画とは極限まで精密で精緻《せいち》な絵画のこと。血管まで見えそうな肌、抜けるような青い空、机や服、植物の質感など、細部までていねいに描き込まれています。写真と見間違えてしまいそうなほどのリアルさで、ぐっと引き込まれてしまいます。

もちろん、画家は忠実に再現し模倣することを追求しているわけではなく、対象物の本質を現実以上に浮かび上がらせようと描いています。作品一点一点を細部まで観ていくと、気がついたら10分以上経っていることもしばしば。

常設展では、人物から風景、静物、大作まで8つのコンセプトごとに展示室が分けられています。テーマを絞った企画展も開催されています。作家も巨匠から若手作家まで幅広く揃っています。

建築やお食事も本格派

建物は「1対1で写実絵画と向き合える場所を作り、公開したい」という想いのもと、鑑賞に集中できるよう設計されています。展示室はできる限りシンプルな空間で、LED照明を多用し、作品近くのレールやワイヤーを除くなどの工夫がなされています。

もうひとつ、手打ちパスタが絶品のレストラン「はなう」も鑑賞ポイントといってもいいかもしれません。緑豊かな「昭和の森」を眺めながらの本格イタリア料理。ディナーメニューもあり、ワインも楽しめます。気軽に使えるカフェやショップもあります。

東京駅近辺から専用バスで美術館まで案内してくれる「プレミアムらくらくバスツアー」など様々なイベントも実施。丸一日じっくり滞在してもらいたい場所です。

森本草介《アリエー川の流れ》2013年

フランスの田舎の風景が好きという画家。どこまでも広がっていく大自然を感じさせる。

野田弘志《蒼天》2010年

野田は同館コレクションを代表する作家で、日本の写実絵画界をけん引してきた。噴火する北海道の有珠山を描いた風景画。

ゆるやかなカーブを描く展示室。ゆったりとした気持ちで鑑賞できるよう設計されている。

DATA

細長い箱が飛び出したようなユニークな建物。

☎ 043-205-1500
🕒 10：00〜17：30 ※入館は閉館30分前まで
休 火曜（祝日の場合は翌平日）
¥ 一般1800円ほか
🚌 JR外房線土気駅から「千葉中央バス」あすみが丘東4丁目バス停下車すぐ、JR外房線大網駅からタクシーで10分
🌐 https://www.hoki-museum.jp/

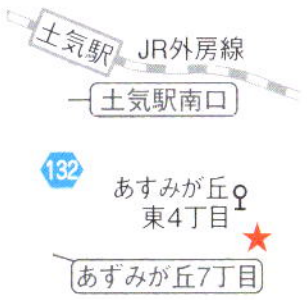

千葉市緑区あすみが丘東3-15

DIC川村記念美術館《でぃーあいしーかわむらきねんびじゅつかん》

「ロスコ・ルーム」はぜひその空間ごと堪能してほしい。作品は「シーグラム壁画」と呼ばれるシリーズの7点を展示。

ピエール・オーギュスト・ルノワール
《水浴する女》
1891 年

水浴する女性はルノワールがよく取り上げた画題。ふくよかで優しげな横顔が美しい裸婦像。

レンブラント・ファン・レイン
《広つば帽を被った男》
1635 年

17 世紀オランダ絵画の巨匠によるアムステルダム市民の肖像画。同地は 17 世紀初頭、ヨーロッパーの商業都市として栄えた。

広大な自然に抱かれて現代美術を

印刷インキの製造などで知られるDICが関連会社とともに収集した作品を公開するために設立した美術館です。ステラやトゥオンブリーなどのアメリカ美術のほか、モネやルノワールら印象派、ピカソやシャガールなどの西洋近代美術、レンブラントによる肖像画など収蔵作品はバラエティ豊か。

必見は20世紀アメリカを代表する画家マーク・ロスコの壁画7点が並ぶ「ロスコ・ルーム」（写真上）です。ソファに座って、多様な赤い色で埋め尽くされた空間をじっくりと堪能しましょう。

また、約3万坪の自然散策路が設けられた庭園、地元の食材をふんだんに使用したレストランなど、ゆっくりと過ごせる場所も充実。佐倉駅発着の無料送迎バスに加え、東京駅発着の高速バスも運行しているので便利です。

DATA

☎ 050 - 5541 - 8600（ハローダイヤル）
🕘 9：30〜17：00　※入館は閉館30分前まで
休 月曜（祝日の場合は翌平日）、年末年始、展示替え期間
¥ 展示内容により異なる
🚌 JR総武本線佐倉駅、京成本線京成佐倉駅から無料送迎バスあり、JR山手線ほか東京駅から高速バス「マイタウン・ダイレクトバス」あり
🌐 http://kawamura-museum.dic.co.jp/

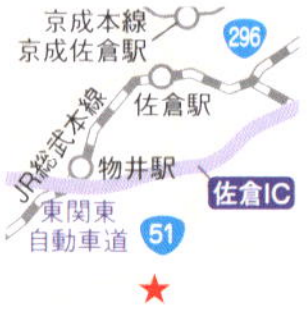

佐倉市坂戸631

MUSEUM 22

東京都写真美術館

とうきょうとしゃしんびじゅつかん

KANTO

ウジェーヌ・アジェ
《フルーリー通り76番地、シャペル大通り》
1921年

19世紀末から20世紀初頭にかけて、「消えゆく古きパリ」の街角をとらえた写真家。「孤高の写真家」と称され、亡くなる2年前頃から注目された。

フェリーチェ・ベアト
《傘をさす日本人女性》 1868年

ベアトは世界中を旅した写真家で、日本には幕末から明治期にかけて滞在。この写真は着色を加えたもので、当時の日本土産の定番だった。

2016年のリニューアルで照明などが一新。写真の魅力をより感じられる展示室に。

写真と映像の魅力に引き込まれて

写真と映像の専門美術館です。写真家の個人美術館は日本にいくつかありますが、写真や映像を総合的に扱い、収蔵しているのは日本では同館のみ。ここでは、写真や映像が生まれてから、現在に至るまでの様々な作品が系統的に収集され、現在その数は約3万4000点。3つある展示室で行われる企画展・収蔵展などで公開されています。

また、石内都《みやこ》、佐藤時啓《ときひろ》、杉本博司《ひろし》ら日本を代表する写真家21名を新規重点作家に指定し、その作品を積極的に収集し、コレクションを充実させている点も面白いところ。

写真だけではなく、映像作品の展示にも注力しています。国内外からアーティストを招へいして行う、映像とアートの芸術祭「恵比寿映像祭」は年に1回、全館を使って開催されています。

DATA

木・金曜は20時まで開館。仕事帰りにも立ち寄れる。

03-3280-0099
10：00～18：00、木・金曜～20：00
※入館は閉館30分前まで
休 月曜（祝日の場合は翌平日）、年末年始、臨時休館日
¥ 展示・上映内容により異なる ※毎月第3水曜は65歳以上無料
JR山手線ほか恵比寿駅から徒歩7分、東京メトロ日比谷線恵比寿駅から徒歩10分
http://topmuseum.jp/

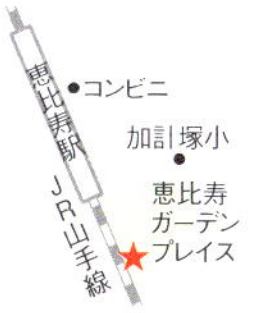

目黒区三田1-13-3恵比寿ガーデンプレイス内

東京国立博物館《とうきょうこくりつはくぶつかん》

狩野長信
《花下遊楽図屏風》
江戸時代（17 世紀）

華麗豪華な「遊楽図」は多いが、本作は背景に金碧を用いず、水墨画の技法をいかして落ち着かせている。国宝（2018 年3月 13 日〜4月8日まで本館2室にて展示予定）。

日本と東洋の美術総覧 日本最古の国立博物館

１８７２年開館から現在まで、日本と東洋の美術工芸品を収蔵・展示・研究し続ける博物館です。通称トーハクと呼ばれ、収蔵品数11万７０００件以上、国宝は89件、重要文化財は６４０件（２０１７年11月30日現在）と、質量ともに日本一を誇ります。

数々の至宝の集まるトーハクで最初に観ておきたいのは、いわゆる平常展示に当たる、本館の「総合文化展」です。縄文時代の土器から、江戸時代の浮世絵、そして現在ブームになっている刀剣や根付など、ひと通り観て歩くと美術の流れが把握できる、いわば日本美術史のベストアルバムのような展示です。

その中でも、国宝がおおよそひと月ごとに一件ずつ展示される「国宝室」は必見です。特別展では行列ができるような名品を、時間帯によってはたった一人だけで観られることも！　展示スケジュールは、公式ウェブサイトに記載されているので、訪れる前に確認しておきましょう。

本館以外も素敵

ほかの展示館も見逃せません。「東洋美術をめぐる旅」をコンセプトにすえた東洋館は、中国の石仏からインドの細密画、エジプトの女神まで東洋全域の美術工芸品、考古遺物をひとつの建物で観られる貴重な空間です。

法隆寺宝物館は建築家・谷口吉生の設計で、品がある佇まいの建物。飛鳥時代（7世紀）の仏像や伎楽面（金・土曜のみ公開）など300件強の宝物が収蔵・展示されています。中でも《摩耶夫人及び天人像》は見ものです。

特別展を行う平成館や表慶館、明治の洋画家・黒田清輝の作品を展示する黒田記念館、季節ごとに表情を変える庭園（公開は春・秋の年2回）など、見どころは盛りだくさん。毎日通っても新発見の見つかる博物館です。

（一部撮影不可の作品もあり）

平成館1階は考古遺物を通して日本史をたどる考古展示室。複製品に触ってみたり（写真左）、複製の銅鐸を鳴らしてみたり、体験しつつ学べる。

《摩耶夫人及び天人像》飛鳥時代（7世紀）

法隆寺宝物館にて通年展示（重文）。摩耶夫人が花枝を折ろうとするや、釈迦が腋下から誕生したという仏伝を造形化したもの。

《刀 相州貞宗（名物 亀甲貞宗）》
鎌倉～南北朝時代（14世紀）

刃文は乱刃で、茎（なかご）に亀甲紋の彫物（ほりもの）があるため、こう呼ばれる。国宝。渡邊誠一郎寄贈（2018年2月25日まで本館14室にて展示予定）。

《埴輪 踊る人々》古墳時代（6世紀）

埼玉県熊谷市の野原古墳から出土したもの（2018年7月16日まで本館1室にて展示予定）。

（一部撮影不可の作品もあり）

「東洋美術をめぐる旅」をコンセプトに、中国やエジプト、インドなど東洋の美術工芸、考古遺物を展示する東洋館。

ひと休みするなら、本館1階のラウンジがおすすめ。壁のレトロなタイルも美しい（写真左）。天気がよければバルコニーにも出られる。

本館に足を踏み入れて、建物の荘厳さに息をのんでしまう。エントランス部分。

PICK UP

建物もアート

本館は洋風建築に瓦屋根を乗せた「帝冠様式」で、これも鑑賞ポイント。正面入口の重厚な大階段はうっとりする美しさ。壁の宝相華文様をあしらったタイルがきれいな、1階庭園側のラウンジもよし。設計は銀座和光なども手がけた渡辺仁が担当した。

DATA

03-5777-8600（ハローダイヤル）

9:30〜17:00、金・土曜〜21:00、2018年4〜9月の日曜〜18:00、ほか特定日の時間延長あり　※入館は閉館30分前まで

休　月曜（祝日の場合は翌平日　※ゴールデンウィーク、お盆期間は開館）、年末年始

¥　一般620円、70歳以上無料ほか
※特別展は別途料金

JR山手線ほか上野駅・鶯谷駅から徒歩10分、東京メトロ銀座線・日比谷線上野駅から徒歩15分

http://www.tnm.jp/

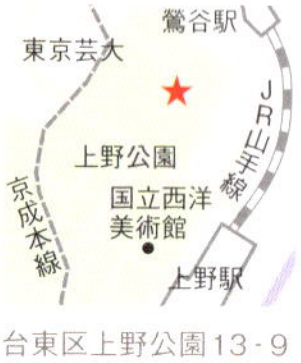

台東区上野公園13-9

COLUMN

あの名画がいつも展示されてはいないワケ
〜東京国立博物館〜

フランスはルーヴル美術館の至宝《モナ・リザ》のように、
美術館に行けば必ず観られる作品が日本の美術館には少ないのは、なぜ？
東京国立博物館の研究員に質問してみました！

紫外線などに弱い日本絵画の画材

例えば、道端の看板や張り紙が色あせるのを思い出してみてください。その原因は風雨だけではありません。光、特に紫外線が大きく影響しています。美術作品にとっても同様なのです。とりわけ、日本絵画で使用される顔料や染料は光に弱く、ずっと照明の下に置いておくと、次第にその鮮やかさが失われてしまいます。美術品にとっては致命的です。

ゆったりとしたスペースの国宝室。椅子に腰かけて全体像を眺めたり、近づいてじっくり細部を眺めたり、心静かに国宝と向き合える。

季節ごとに出し入れ＝日本伝統のスタイル

「日本の美術品は、もともと通年で展示できるようには作られていません。床の間の掛け軸などのように、季節ごとに入れ替え、使わない間は暗い蔵にしまっていました」と話すのは、博物館研究員の松嶋雅人さん。そこで、作品により「◯日間展示したら、●か月以上は収蔵庫へ」と基準を定め、作品へのダメージを最小限に留めるように努めています。

本館12室は漆工作品が並ぶ。松嶋さんいわく「作品の状態がよいのは、先達がていねいに保存をしてきたおかげ。これを何年先も維持していかなくてはいけない」とのこと。

〜東京国立近代美術館〜（P.52）＆
〜静岡県立美術館〜（P.92）も合わせて読んでね！

MUSEUM 24

国立西洋美術館《こくりつせいようびじゅつかん》

オーギュスト・ロダン
《地獄の門》
1880～90年頃／
1917年（原型）、
1930～33年（鋳造）
Ⓒ上野則宏

「松方コレクション」の中核をなすロダンのブロンズ像。本作はダンテ『神曲』に基づいて制作された。建物向かって右手の屋外に展示されている。

世界遺産に登録された西洋絵画専門美術館

上野駅から徒歩1分の場所に位置する同館の礎は、戦前の大コレクターで実業家の松方幸次郎による「松方コレクション」です。印象派やロダン彫刻を中心とする彼の収集品は第二次世界大戦中にフランス政府の管理下に置かれましたが、戦後日本へ寄贈返還。

この寄贈返還された収集品をもとに、同館は１９５９年に開館しました。現在は彼のコレクションに加え、中世末期から20世紀初頭にかけての西洋絵画全般を幅広く収集し、展示しています。

もうひとつの見どころは、モダニズムを追求した建築家、ル・コルビュジエ設計の建物です。彼は技術的な側面と、快適な生活を送る仕組みの両方から新しい建築を考え、サヴォア邸やユニテ・ダビタシオンなどの数々の名建築を作り上げ、建築の歴史を大きく変えました。２０１６年には、同館を含む世界7か国17資産のル・コルビュジエ設計の建築が一括で世界遺産に登録されました。

名画も建物も魅力的

建物の見どころは随所にあります。常設展入口すぐの展示室「19世紀ホール」は、天井の三角形のトップライト、木型に流し込み木目をつけたコンクリート柱や梁、登るにつれ作品の観え方が変わるスロープなどル・コルビュジエの哲学が凝縮された空間。ここにはロダンの彫刻が展示されています。

19世紀ホールを囲むように配された2階は、中世以降の西洋絵画の展示室。天井に高低がついていますが、これは人体の寸法を基準にル・コルビュジエが考案した尺度「モデュロール」により算出されたもの。ほかにも、階段やバルコニーなど思わず見とれてしまうポイントがたっぷり。

西洋美術の名画を存分に堪能し、そして名建築も体験できる、一粒で二度おいしい美術館です。

東京

常設展示室の第1室「19世紀ホール」は、建築家ル・コルビュジエが名づけた。2階や中3階とつながっている、不思議な吹き抜け空間。天井部分に三角形のトップライトが設けられていて、柔らかな自然光が差し込んでくる。

14世紀シエナ派
《聖ミカエルと龍》

同館の人気作、龍と闘う騎士の絵画。天使のように翼を持ち、馬にまたがっていないので、大天使聖ミカエルとされる。テンペラと板で制作されたもの。

「19世紀ホール」のスロープは次の展示室へつながる道だが、目線が上がるにつれて、彫刻作品を違った角度から眺めることもできる。

『睡蓮』特集ページ（p.132〜133）も要チェック！

クロード・モネ
《睡蓮》
1916年

「松方コレクション」を代表する油彩画。松方は、印象派の巨匠モネと直接交渉して購入した。

2階展示室は天井の高低があるため、外側の壁には比較的大型作品、内側の壁には小さい作品を展示。

本館2階は「19 世紀ホール」をぐるりと囲む回遊式で、独特の空間が広がる。写真左上の中3階は自然光を採り入れる回廊状の小部屋（2017年現在は人工光のみ使用）。

（一部撮影不可の作品もあり）

新館展示室には19～20世紀の作品が並ぶ。人気作のモネ《睡蓮》もこちらに。

© 国立西洋美術館

中庭に面した1階の展示室。大きな窓から自然光が差し込み、開放感あふれる空間。

© 国立西洋美術館

PICK UP

新館も名建築

本館隣接の新館は、ル・コルビュジエのもとで働いていた前川國男の設計。吹き抜けを支える円柱など、本館とのつながりを強く感じさせる空間になっている。本館と合わせて木々を囲むように建てられているので、中庭が緑あふれる空間になった。

DATA

柱で建物を支える1階部分のピロティが特徴。

Ⓒ国立西洋美術館

☎ 03-5777-8600（ハローダイヤル）

9:30～17:30、金・土曜～20:00　※入館は閉館30分前まで

休 月曜（祝日または振り替え休日の場合は翌平日）、年末年始、臨時休館日

¥ 常設展：一般500円、65歳以上無料ほか、金・土曜の夜間開館時（17時以降）の常設展観覧料は無料（2017年11月現在）　※企画展は展示内容により異なる

JR山手線ほか上野駅から徒歩1分、京成電鉄京成上野駅から徒歩7分、東京メトロ銀座線・日比谷線上野駅から徒歩8分

http://www.nmwa.go.jp/

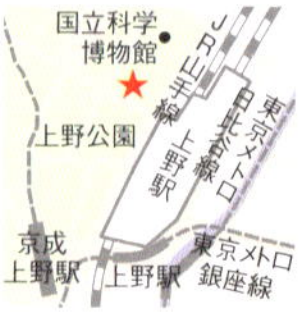

台東区上野公園7-7

MUSEUM 25

根津美術館

ねづびじゅつかん

東京

尾形光琳
《燕子花図屏風》（右隻）18 世紀

総金地の六曲一双屏風に鮮烈に咲き誇る燕子花。美術館を代表する国宝で、毎年4～5月に展示されるので公式ウェブサイトを要チェック。

庭園のカキツバタ。《燕子花図屏風》が展示される時期に見頃を迎える。

《双羊尊》
前 13～11 世紀

2匹の羊が背中合わせでくっつき、器を乗せているような尊（酒を供える器）。重要文化財に指定されている。

世界に誇る東洋古美術と庭園

東武鉄道の社長などを務めた実業家で、茶人としても知られる根《ね》津《づ》嘉一郎《かいちろう》が収集した日本・東洋の古美術品を中心に保存・展示しています。コレクション約7400点には尾形光琳《燕子花図屏風》や《那智瀧図》など国宝7件、《双羊尊》など重要文化財87件が含まれており、年に7回開催される展覧会で鑑賞できます。

また、四季折々で表情を変える庭園も見どころ。茶室も点在する広大な庭園は季節ごとに表情を変え、都心とは思えない寛ぎの場所です。特に5月の大型連休には《燕子花図屏風》の展示と、庭園のカキツバタが咲く時期とが重なりうれしい限りです。

隈研吾《くまけんご》設計の和とモダンが融合した建物も含め、一度の訪問で多様な美を楽しみ慈しめる貴重な場所です。

DATA

広々とした1階ホールに石彫作品が並ぶ。ここは撮影 OK。

☎ 03-3400-2536
10：00～17：00　※入館は閉館30分前まで
休 月曜（祝日の場合は翌平日）、年末年始、展示替え期間
¥ 企画展：一般1100円、特別展：一般1300円ほか、庭園の入場は美術館入館者のみ可
東京メトロ銀座線・半蔵門線・千代田線表参道駅から徒歩8分
http://www.nezu-muse.or.jp/

港区南青山6-5-1

《燕子花図屏風》の2018年公開日は4月14日～5月13日

MUSEUM 26

世田谷美術館

せたがやびじゅつかん

アンリ・ルソー
《フリュマンス・ビッシュの肖像》
1893年頃

ルソーは40歳頃から本格的に絵を描き始めたというフランス生まれの画家。本作は美術館のオリジナルグッズにもたびたび登場するほどの代表作。

ルソーなど独学で絵画を学んだ素朴派の作品群

緑豊かな都立砧《きぬた》公園内にある美術館です。敷地内には野外彫刻も多くあり、美術館の建物に入る前から芸術鑑賞した気分にもなれます。

この美術館には近現代の美術作品を中心に、国内外の作品約1万6000点が収蔵・展示されています。充実しているのは、税関の職員を務めながら独学で絵を学んだアンリ・ルソーをはじめとする「素朴派」の作品。美術の専門教育を受けずに、独自の表現世界を花開かせた彼らの作品はものの見方、描き方、考え方なども独特で、観る人に新しい発見を与えてくれます。

また、書家で陶芸家、そして美食家としても名高い北大《きたおお》路魯山人《じろさんじん》の書画や器も、親交の深かった実業家・塩田岩治《しおたいわじ》の夫人からの寄贈で約150点ほど収蔵しています。

大きなカマボコ型の屋根が印象的な建物は建築家の内井《うちい》昭蔵《しょうぞう》によるもの。エントランスから展示室までの長い廊下は両面がガラス張りで陽光が差し込む素敵なアプローチです。

画家に光を当てた分館

美術館のある世田谷区は、戦前戦後に多くの芸術家たちが暮らした場所。そのため、難波《なんば》田《た》龍起《たつおき》や福沢一郎をはじめ、世田谷にゆかりのある作家の作品も積極的に収集しています。これらはコレクション展などで観ることができます。

中でも、かつてのアトリエ跡に美術館分館が設置され、作品を鑑賞できるようになっている3人の作家がいます。高度経済成長の中で消え行く茅葺き屋根の民家を描き続けた向井潤吉、色彩豊かな花や裸婦・人物画などを描き続けた宮本三郎、絵画や立体作品、デザインなどジャンルを超えて活躍した清川泰次《きよかわたいじ》です。本館をたっぷりと堪能した後に、分館をハシゴする「世田谷の美術館めぐり」。のんびりした休日を過ごしたい時におすすめです。

世田谷美術館の3つの分館　※下記3作家の作品は、それぞれ分館で鑑賞可能です　（常設作品ではない）

宮本三郎
《歌い手》1964 年

宮本は生涯を通して人物、特に女性を描いてきた洋画家で、本作のモデルは歌手の雪村いづみである。

「宮本三郎記念美術館」
http://www.miyamotosaburo-annex.jp/

清川泰次
《イタリーの空》
1962 年

抽象的な表現を探求した清川。清川泰次記念ギャラリーには一般区民のための区民ギャラリーもある。

「清川泰次記念ギャラリー」
http://www.kiyokawataiji-annex.jp/

向井潤吉
《遅れる春の丘より（長野県北安曇郡白馬村北城）》
1986 年

茅葺き屋根の民家をモチーフに制作を重ねた向井が過ごしたアトリエは、武蔵野の面影を今に残す樹木に囲まれた場所にある。

「向井潤吉アトリエ館」
http://www.mukaijunkichi-annex.jp/

DATA

03-5777-8600（ハローダイヤル）
10：00～18：00 ※入場は閉館30分前まで
休 月曜（祝日の場合は翌平日）、年末年始
¥ コレクション展：一般200円ほか　※企画展は展示内容により異なる
東急田園都市線用賀駅から「東急バス」美術館バス停より徒歩3分、小田急小田原線成城学園前駅から「東急バス」「小田急バス」砧町バス停より徒歩10分
https://www.setagayaartmuseum.or.jp/

世田谷区砧公園1-2

※上記 DATA は世田谷美術館のものです。分館の情報はそれぞれ公式ウェブサイトをご確認ください。
※掲載作品は常設展示されていません。展示期間は各館にお問い合わせください。

サントリー美術館

《藍色ちろり 一合》
江戸時代
（18～19 世紀）

古くから長崎系吹きガラスのちろりの名品とされている。濃いコバルトブルーが映える。

野々村仁清
《色絵花輪違文茶碗》
江戸時代（17 世紀）

蒔絵の趣をいかした色絵陶器の大成者による名作。花輪の紋を金彩で包み込んでいる。

珠玉の「生活の中の美」を愛でられる都心の美術館

1961年に開館し、現在は六本木の東京ミッドタウン内にある美術館です。「生活の中の美」をテーマにした企画展を開催。常設展示はありませんが、企画展の中で展示される収蔵品は特筆すべきもの。

代表的なのは、17世紀江戸の御用絵師・狩野家の中でも、才能に秀でていた狩野探幽《かのうたんゆう》の《桐鳳凰図屏風》や、江戸時代初期の陶工で優美な作品を多く残した野々村仁清《にんせい》《色絵花輪違文茶碗》など。絵画から陶磁、漆工、染織までバラエティに富んだ3000件を誇ります。国宝1件、重要文化財15件も含まれています。

展示されていたら、ぜひ観ておきたいのは、東西のガラスのコレクション。江戸時代に作られた《藍色ちろり》や、清時代の中国で作られた《紫色亀甲文切子鉢》、近現代ヨーロッパのガラス作品まで幅広く揃っています。複数のコレクターからの寄贈もあり、いつまでも眺めていたくなるような色味の深い、美しい作品が充実しています。

和モダンの建築

現在の美術館の設計は、根津美術館や新国立競技場なども手がけた建築家の隈研吾。高さ9メートルほどの吹き抜けスペースに設置された無双格子《むそうごうし》（写真右下）も見どころのひとつです。床材の一部にウイスキーの樽材を再利用したり、旧美術館の茶室「玄鳥庵《げんちょうあん》」を移築したりするなど、最先端を求めるだけではなく、昔からあるものも大切にいかしています。

ちなみに「玄鳥庵」では、展覧会期間の指定の木曜日に1日限定50名で点茶の席が用意されています。窓辺から見える六本木の景色も風情あるもの。いつも人気なので、当日は早めに券のご入手を。

カフェは創業150年になる金沢の老舗「加賀麩 不室屋《ふむろや》」がプロデュース。麩のアレンジメニューが味わえます。

狩野探幽《桐鳳凰図屏風》（六曲一双 右隻）江戸時代（17世紀）

見つめ合うつがいの鳳凰2組や桐樹、流水など縁起のよいものを配した屏風で、婚礼のために制作されたものと推測される。

麩を現代的にアレンジした「麩あんみつ」はカフェの定番。展覧会限定メニューなども登場する。

2枚の格子をスライドさせて光の調節をする無双格子。4階から3階へ移動する際に見逃さないで。

© 木奥恵三

DATA

茶室「玄鳥庵」での点茶席は当日10時から券を販売。

☎ 03-3479-8600
🕒 10：00〜18：00、金・土曜〜20：00 ※入館は閉館30分前まで
休 火曜、年末年始、展示替え期間
¥ 展示内容により異なる
🚉 都営地下鉄大江戸線・東京メトロ日比谷線六本木駅から地下通路直結
🌐 http://suntory.jp/SMA/

港区赤坂9・7・4 東京ミッドタウン ガレリア3階

東京国立近代美術館《とうきょうこくりつきんだいびじゅつかん》

岸田劉生《道路と土手と塀》（切通之写生）1915年

大正～昭和を代表する洋画家、劉生。当時住んでいた代々木を描いている。重要文化財。

近現代の日本美術史を一望 膨大なコレクション群

皇居にほど近い北の丸公園にある日本初の国立美術館です。明治から現代までの日本美術の名作を、海外作品も交えて収蔵・展示しており、所蔵点数は重要文化財14点を含め約1万3000点と国内最大規模を誇ります。所蔵作品のジャンルは日本画や洋画、彫刻はもちろん、写真や映像作品もあり、多種多様です。

そのため企画展はもとより、年に数回大きく作品を入れ替える所蔵作品展「MOMATコレクション」もいつも見ごたえ十分です。よりすぐりの名品、約200点を鑑賞でき、近現代の日本美術の約100年の流れを一気に体験することができます。

とりわけ4階のハイライトコーナーはその名の通り、教科書に掲載されているような名品がずらりと並びます。紺の壁紙と黒の床で、落ち着いた雰囲気が心地よい場所。柔らかい口調で分かりやすい作品解説も特徴です。初めてこの美術館を訪れる方は、まずこちらへどうぞ。

所蔵品ガイドは毎日

開館日の14～15時に開催している所蔵品ガイドは、一方的に話を聞くのではなく、対話しつつ作品理解を深めていくもの。スタッフにより取り上げる作品が違うので、何回参加しても楽しめると好評。

現在の美術館は、多角形の列柱や連続した梁が印象的な建築。谷口吉郎設計のもと、1969年に建設されました。建築当時の趣を残した「建物を思う部屋」で、当時の雰囲気を感じ取れます。

皇居のお堀に面した休憩スペース「眺めのよい部屋」も、訪れておきたいところ。満開の桜を一望できる春は、特におすすめです。館内レストラン「ラー・エ・ミクニ」にもテラス席があり、ディナータイムまで営業。「芸術と料理」をテーマにした、絶品フレンチとイタリアンの融合をぜひご堪能あれ。

中村彝

《エロシェンコ氏の像》 1920 年

絵のモデルは盲目のロシア人青年の詩人エロシェンコ。中国の作家・魯迅の短編にも登場する人物だ。重要文化財。

萬 鉄五郎

《裸体美人》 1912 年

東京美術学校の卒業制作だが、黒田清輝ら当時の指導教官たちを困惑させたという。ゴッホなどの影響が伺える。重要文化財。

荻原守衛（おぎわら もりえ）

《女》 1910 年

萩原の号は碌山（ろくざん）。彫刻をロダンに学び、当時の文化サロンであった新宿中村屋に集う芸術家の一人だった。

DATA

☎ 03-5777-8600（ハローダイヤル）

🕒 所蔵作品展10：00～17：00、金・土曜～20：00
※入館は閉館30分前まで

休 月曜（祝日・振り替え休日の場合は翌平日）、年末年始、展示替え期間

¥ 所蔵作品展：一般500円（17時以降は300円）、65歳以上無料ほか　※企画展は展示内容により異なる

🚃 東京メトロ東西線竹橋駅から徒歩3分

🌐 http://www.momat.go.jp/

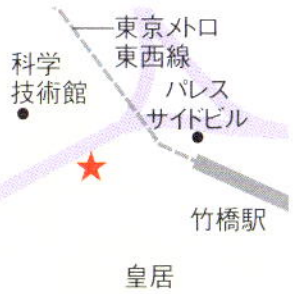

千代田区北の丸公園3-1

COLUMN

あの名画がいつも展示されてはいないワケ
〜東京国立近代美術館〜

日本美術の作品は、長期間の展示に耐えられないデリケートなものだと
前のコラムで述べました。では、西洋美術の場合はどうなの？
東京国立近代美術館の学芸員さんに教えていただきました。

膨大な作品数、でも スペースに限界が

１万点以上ある収蔵品のうち、コレクション展示室に一度に展示できる作品はたったの200点ほど。「欧米の主要美術館はとても広くて、名品をずっと出しておいても問題ないほどスペースに余裕があります。日本国内でも美術館によっては、人気作品は可能な限り長く展示するという方針のところもありますね」と、担当の方は語ります。

所蔵品ギャラリーは4階「明治の終わりから昭和初期」からはじまり、3階、2階に下るにつれ時代が新しくなっていく。写真・映像の展示もある。

他館貸出も踏まえ 近代美術の要を抑える

そう、作品の状態とともに、展示空間という物理的な制約もあるのです。名品揃いの同館は他館からの貸出依頼も多く、「自館の展示、他館への貸出などを考慮して、12の展示室で日本の近代美術の流れを把握できるよう計画しています」とのこと。とりわけ４階の「ハイライト・コーナー」は、選りすぐりの名品にいつでも出合えるはずです。

所蔵品ギャラリーの日本画コーナー。黒を基調にした展示空間は広くスペースがとられていて、静かな環境で作品を鑑賞することができる。

〜東京国立博物館〜（P.41）＆
〜静岡県立美術館〜（P.92）もあわせて読んでね！

MUSEUM 29

練馬区立美術館

ねりまくりつびじゅつかん

東京

松岡映丘
《さつきまつ浜村》1928年

作家は兵庫県の学者一家の家に生まれた日本画家。武者絵からスタートして大和絵を研究し「新興大和絵」の運動を進めた。

池 大雅《比叡山真景図》1762年

文人画を得意とした江戸時代の京都の画家。実際に比叡山に登ったと右上に記されている。

靉光
《花と蝶》
1941～42年

戦前を代表するシュルレアリスムの画家で、本名は石村日郎。戦中にあっても、花や鳥の絵を描き続けた。

独自のテーマによる企画展が好評

一風変わった企画展を開催している注目の美術館です。例えば、画家のシスレーが描くセーヌ川の風景を河川工学の視点を交えながら紹介するなど。斬新な切り口です。

収蔵品は松岡映丘《えいきゅう》や靉光《あいみつ》のように日本近現代美術を中心にしつつ、池大雅《いけのたいが》の傑作《比叡山真景図》も収蔵するなど、近年は様々なジャンルのコレクションも増えつつあります。

また、美術館に隣接する「練馬区立美術の森緑地」もアートにあふれたエリア。天然芝が敷き詰められた園内には、カラフルなキリン、体全体が植物でできたクマ、美術館のロゴマークから生まれたネリピーなど20種類32体のキュートな動物彫刻が点在。触ったり、作品によっては乗ったりできるので、童心に返って子どもと楽しめます。

DATA

緑地内には動物のオブジェが並び、子どもたちの遊び場に。

☎ 03-3577-1821
10：00～18：00　※入館は閉館30分前まで
休 月曜（祝日の場合は翌平日）、年末年始、展示準備期間
¥ 展示内容により有料・無料と分かれる
西武池袋線中村橋駅から徒歩3分
https://www.neribun.or.jp/museum.html

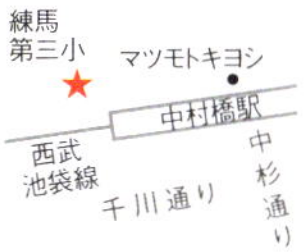

練馬区貫井1-36-16

MUSEUM 30

板橋区立美術館

いたばしくりつびじゅつかん

英一蝶
《一休和尚酔臥図》 江戸時代

英一蝶は元禄年間に活躍した江戸の風流画人。描かれているのは、とんちで知られる一休和尚が酒店の店先で酔い臥している姿。

ここでしか観られない江戸絵画コレクション

1979年、都立赤塚公園内に開館した東京都23区初の区立美術館です。板橋にゆかりのある作家たちの作品収集はもちろん、同館で特に力を入れているのは室町時代末期から、江戸時代まで400年にわたり幕府に仕えた絵師集団、狩野派を中心とした近世絵画のコレクションです。

そして、大正の終わりから昭和初期にかけて、隣の豊島区池袋から板橋や要町《かなめちょう》、椎名《しいな》町《まち》など、通称「池袋モンパルナス」に暮らしていた芸術家たちの前衛芸術作品群も。

常設展示室はありませんが、収蔵品や美術館の研究成果は、年に数回行われている館蔵品展で観ることができます。

また近年は、コレクションの幅がより一層広がっているようです。例えば、元禄時代に独自の画風で活躍した英一蝶《はなぶさいっちょう》、幕末から明治期にかけて活躍した蒔絵師で画家の柴田是真《ぜしん》のほか、京都から年月・場所も離れて独自の発展を遂げた江戸琳派、浮世絵の作品など。今後の館蔵品展が楽しみです。

KANTO

国際的な絵本展も

そして、同館で忘れてはならないのが毎年夏休み期間に行われている「イタリア・ボローニャ国際絵本原画展」。1981年から30年以上続いている同館の名物展覧会です。

イタリア・ボローニャは、板橋区の友好姉妹都市であり、世界唯一の児童書専門のブックフェアが行われている場所。「絵本原画コンクール」は、そのフェアのイベントのひとつで、コンクール入選作品を全作品展示しています。

関連イベントも多く開催されているので、夏は子どもたちの笑顔が館内にあふれています。

美術館のある都立赤塚公園は中世の城跡のほか、区立郷土資料館もあります。また、東京大仏で有名な乗蓮寺《じょうれんじ》や、区立赤塚植物園なども徒歩圏内。駅からの寄り道散歩もできる美術館です。

狩野秀頼
《酔李白図》（写真右）
桃山時代

中国が生んだ偉大な詩人、詩仙こと李白が酔っぱらって、友人に抱きかかえられているという作品。画家は狩野派の絵師。

柴田是真
《猫鼠を覗う図》（写真左）
明治時代

江戸随一の名工と称された蒔絵師・画家が、日常の何気ない風景をユーモラスに描いた一作。

同館の目玉企画展「イタリア・ボローニャ国際絵本原画展」展示風景（2016年のもの）。

DATA

03・3979・3251
9：30〜17：00　※入館は閉館30分前まで
休 月曜（祝日の場合は翌平日）、年末年始、展示替え期間中は常設展はなし
¥ 館蔵品展など：無料　※特別展は展示内容により異なる
都営地下鉄三田線西高島平駅から徒歩13分、東武東上線下赤塚駅・東京メトロ有楽町線ほか赤塚駅から徒歩25分、都営地下鉄三田線高島平駅・東武東上線成増駅・東京メトロ有楽町線ほか成増駅から「国際興業バス」区立美術館バス停下車すぐ
http://www.itabashiartmuseum.jp/

板橋区赤塚5・34・27

MUSEUM 31

神奈川県立近代美術館

かながわけんりつきんだいびじゅつかん

古賀春江
《窓外の化粧》
1930年

古賀はシュルレアリスム画家。本作は近代化する都市を象徴する様々なイメージをモンタージュした洋画。

葉山と鎌倉の2館でコレクション展・企画展を開催

1951年に開館した日本初の公立近代美術館です。ル・コルビュジエに師事した坂倉準《さかくらじゅん》三《ぞう》が設計した鎌倉館は、鎌倉市の鶴岡八幡宮境内にありましたが、惜しまれつつ2016年に閉館しました。

現在は、1984年に開館した鎌倉別館と、2003年に開館した葉山館との2館体制で運営されています（鎌倉別館は改修工事のため2019年9月まで休館予定）。旧鎌倉館で長年お客さんを出迎えていたイサム・ノグチの代表作《こけし》や喫茶室にあった田中岑《たかし》の壁画《女の一生》も葉山館に移されています。

開館当初ほとんど収蔵品を持たなかったという同館は、約1万3000点のコレクションを持つまでに。36歳の若さで亡くなった松本竣介の代表作《立てる像》、岸田劉生《りゅうせい》の《童女図（麗子立像）》のように、日本近代美術を代表する作品が充実しています。作品は常設展示ではないので、展覧会スケジュールは公式ウェブサイトをご確認ください。

2館とも庭園が◯

2003年に開館した葉山館は相模湾沿いという絶好のロケーション。地元食材をふんだんに使ったレストラン「オランジュ・ブルー」をはじめ、イサム・ノグチの《こけし》とともに鎌倉館から引越ししてきた野外彫刻が並ぶ庭園など、海がよく見える場所がたくさんあります。天気のよい日は富士山も見える絶景スポットです。

1984年開館の鎌倉別館を設計した大高正人は、現在も続く山口県宇部市のUBEビエンナーレ（現代日本彫刻展）の選考委員を務めるなど、彫刻にも造詣の深い建築家。野外彫刻の並ぶ庭園は、彼の設計した重厚な建物と調和した心地よい空間です。鎌倉別館は2019年9月まで改装のため休館中ですが、いまから再オープンが待ち遠しい場所です。

松本竣介《立てる像》1942年

1958年開催の展覧会をきっかけに同館で調査研究が進み、遺族から寄贈を受けた作品。

岸田劉生《童女図（麗子立像）》1923年

「これは余の肖像画の中でも最もすぐれたものであらう」と、劉生が日記に記したほどの傑作。

鎌倉別館は鶴岡八幡宮近く、山々に囲まれた静かな環境にある。
撮影：上野則宏

DATA

葉山館は一色海岸を望む海沿いに立地している。

☎ 葉山館：046-875-2800　鎌倉別館：0467-22-5000
🕒 いずれも9：30〜17：00　※入館は閉館30分前まで
休 いずれも月曜（祝日および振り替え休日の場合は開館）、年末年始、展示替え期間
¥ 展示内容により異なる
🚌 葉山館：JR横須賀線逗子駅、または京浜急行新逗子駅から「京浜急行バス」三ヶ丘・神奈川県立近代美術館前バス停下車すぐ　鎌倉別館：JR横須賀線・江ノ島電鉄線鎌倉駅から徒歩15分、鎌倉駅から「江ノ電バス」八幡宮裏バス停より徒歩2分
🌐 http://www.moma.pref.kanagawa.jp/

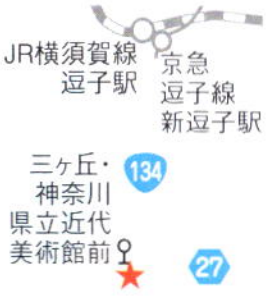

葉山館：三浦郡葉山町一色2208-1（上記地図）
鎌倉別館：鎌倉市雪ノ下2-8-1

横浜美術館《よこはまびじゅつかん》

パウル・クレー《攻撃の物質、精神と象徴》 1922 年

クレーは 20 世紀を代表するスイスの画家で、第一次世界大戦に従軍した経験もある（2018 年3月4日まで開催のコレクション展にて展示中）。

横浜の新興地とともに発展してきた美術館

１９８９年に開館した同館は現在までの約30年間、当初は平地ばかりだった「みなとみらい21地区」の発展とともに活動の幅を広げてきました。

例えば、地域芸術祭の草分け的存在、3年に1度の現代美術の祭典「横浜トリエンナーレ」では、２０１１年よりメイン会場として国内外の鑑賞者を受け入れてきました。

収集は横浜港が開港した１８５９年以降の美術に力を入れており、現在は1万２０００点ほどにものぼります。

円形や正方形などのモチーフが連なる建物は、東京都庁舎やフジテレビ本社などを手がけた丹下《たんげ》健三《けんぞう》の設計。

入口から内部に入って最初に目に飛び込むのは、大きな吹き抜けのグランドギャラリー。御影石をふんだんに使い、左右約１００メートルに広がる空間です。展示室はこのグランドギャラリーからエスカレーターで上がった場所にあります。右側が企画展、左側が収集品を展示するコレクション展となっています。

シュルレアリスムが核

コレクションの注目は、サルバドール・ダリやルネ・マグリット、マックス・エルンストなどのシュルレアリスム作品。詩人アンドレ・ブルトンの提唱する、1920年代にはじまったこの文芸運動は、一見するだけでは理解しにくい不思議な世界が広がっています。

作品はサイズの大きいものが多いですが、展示室にはベンチが置かれ、腰をかけてゆっくり観られるのがうれしいところです。

また、日本の写真発祥地のひとつが横浜であることから、写真のコレクションにも力を入れており、写真専用展示室も用意されています。そのほか、セザンヌやピカソなどの西洋絵画、彫刻や現代ガラスなどの立体作品まで、コレクション展だけでも一日では足りない充実度です。

石内 都
《絶唱、横須賀ストーリー＃ 58（写真左）絶唱、横須賀ストーリー＃ 30（写真右）》 1976 ～ 77 年 ©Ishiuchi Miyako

世界的に高い評価を受ける写真家。同作でデビューして 40 年を迎えた（2018 年3月4日まで同時開催の「石内 都　肌理（きめ）と写真」に関連して、横浜美術館コレクション展にて展示中）。

イヴ・タンギー
《風のアルファベット》 1944 年

フランス生まれのシュルレアリスム画家の代表作（2018 年3月4日まで開催の横浜美術館コレクション展にて展示中）。

Photo：KATO ken

アイ・ウェイウェイ（艾未未）
《安全な通行》 2016 年
《Reframe》 2016 年
©Ai weiwei Studio

3 年に一度の祭典「横浜トリエンナーレ」も同館を中心に開催している（写真は 2017 年開催時のもの）。

DATA

撮影：笠木靖之

045-221-0300
10：00～18：00　※入館は閉館30分前まで
休 木曜、年末年始　※開館日時は展示によって異なる場合あり
¥ コレクション展：一般500円ほか　※企画展は展示内容により異なる
横浜高速鉄道みなとみらい線みなとみらい駅から徒歩3分
http://yokohama.art.museum/

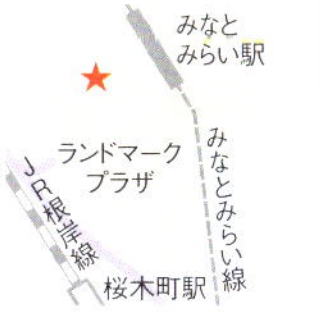

横浜市西区みなとみらい3-4-1

横須賀美術館

よこすかびじゅつかん

朝井閑右衛門
《薔薇（嘉靖青花唐子紋中壺）〈絶筆〉》 1983年

第2次世界大戦後、横須賀のアトリエで制作活動を続けた朝井は、晩年までバラの絵に取り組んだ。

谷内六郎
《光を使う燈台の子》1977年

1956年から26年間、『週刊新潮』の表紙絵を担当した谷内の原画は、館内にある「谷内六郎館」で。

中村彝
《少女》 1913年

当時の文化サロンであった新宿中村屋の主人夫妻の娘に恋をした中村。本作はその娘をモデルにしている。

海の一大パノラマが広がる美術館

三浦半島の東端にある絶景美術館です。谷戸状の地形に合わせ、建物の約半分が地下にありますが、吹き抜けから地階まで心地よい光が注いでいます。

常設展示室は、地元にゆかりのある作品を中心に収蔵・展示されています。洋画家の朝井閑《かん》右衛《え》門《もん》作品は専用の展示室が設置されており、激しいタッチで描かれたバラの絵などの代表作を鑑賞できます。また、長年雑誌『週刊新潮』の表紙絵を担当し、晩年は横須賀市にアトリエを構えた谷内六郎《たにうちろくろう》作品のための谷内六郎館では、その表紙イラスト原画などが並んでいます。

そして、自然美も楽しめるのがここの特徴。海の幸がおいしいレストランや広場、屋上からは海を一望できます。本館裏手に回れば、露出した地層も見学できるのです。

DATA

☎046-845-1211
🕒10：00〜18：00
休 第1月曜（祝日の場合は開館）、12月29日〜1月3日
¥ 常設展：一般310円ほか　※企画展は展示内容により異なる
※市制記念日（2月15日）直近の日曜日、文化の日は無料
🚌 京浜急行電鉄馬堀海岸駅から「京浜急行バス」観音崎京急ホテル・横須賀美術館前バス停より徒歩2分、京浜急行電鉄京浜本線浦賀駅から「京浜急行バス」観音崎バス停より徒歩5分
🌐 http://www.yokosuka-moa.jp/

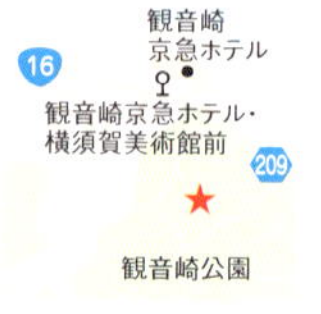

横須賀市鴨居4-1

MUSEUM 34

箱根美術館《はこねびじゅつかん》

神奈川

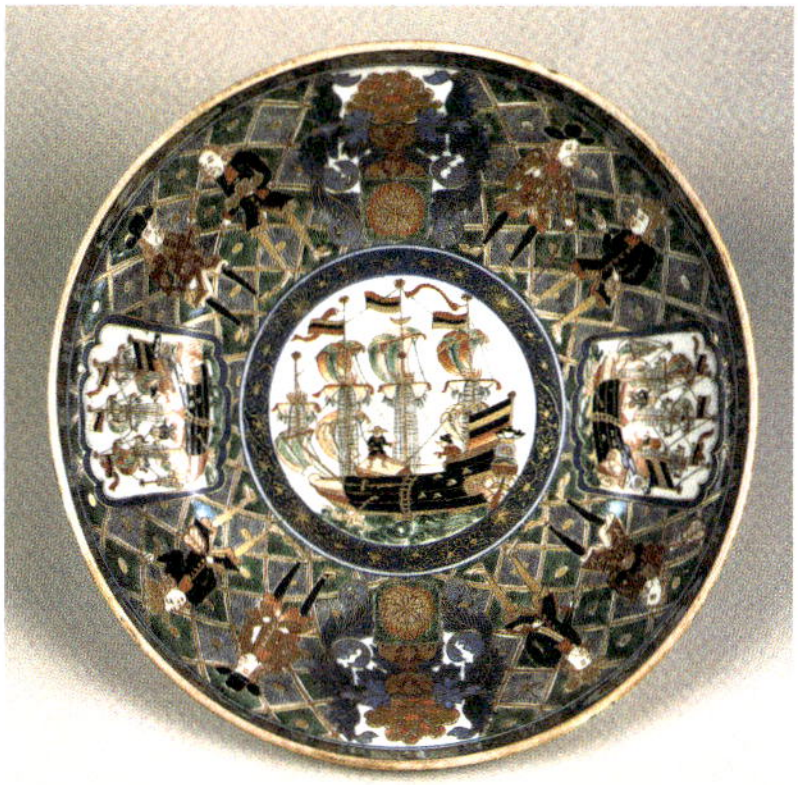

《色絵五艘船文独楽形大鉢
肥前・有田》
江戸時代（18世紀）

赤絵、色絵などに金彩を加えて、オランダ船とオランダ人、牡丹の花などが描かれている。金襴手（きんらんで）と呼ばれ華麗な色絵磁器の名作。

庭園「神仙郷」の中でも苔庭は、新緑の春から梅雨、紅葉の秋まで四季折々の美しさを見せる。

《縄文火焔形把手付深鉢》
縄文時代中期

燃え上がる炎のように見えるため火焔形（式）と呼ばれる。縄文時代中期によく作られた装飾性豊かな土器。

陶磁器コレクションと庭園が見事

静岡県熱海市のＭＯＡ美術館の設立者岡田茂吉が１９５２年に設立した、日本や東洋の古陶磁を中心に展示する美術館です。「真善美」を追求して収集された中世古窯（中世から現代まで続く常滑・瀬戸・信楽・丹波・備前・越前の釜を指す）の陶器を中心に、縄文時代の火焔形土器、赤や金が鮮やかな江戸時代の古伊万里に至るまで約１００点を展示しています。

そして、美しい苔庭が有名な日本庭園「神仙郷」も自然のアートです。季節の和菓子と抹茶を味わえる茶室もあり、庭の景色を前に至福のひと時を過ごせます。特に11月は苔庭に植えられた約２００本の紅葉が一斉に色づき、素晴らしい空間に。この11月いっぱい、通常は非公開である奥庭も特別公開されるので狙い目です。

DATA

0460-82-2623
9：30〜16：30（4〜11月）、〜16：00（12〜3月）
※入館は閉館30分前まで
休 木曜（祝日の場合は開館、11月は無休）、年末年始
¥ 一般900円ほか
箱根登山ケーブルカー公園上駅から徒歩1分
http://www.moaart.or.jp/hakone/

足柄下郡箱根町強羅1300

MUSEUM 35

岡田美術館

おかだびじゅつかん

尾形光琳《雪松群禽図屏風》 江戸時代前期（18 世紀）

京都の高級呉服店に生まれ育った光琳の名作。本作を機に美術館建設の構想は生まれ、琳派作品収集にも力を注いできたという。

足湯も堪能できる煌びやかな美の殿堂

箱根の人気スポット、小涌谷に２０１３年に開館しました。建物正面で入館者を出迎えるのは、日本画家の福井江太郎が縦12・横30メートルというスケールで風神雷神図を描いた壁画《風・刻（かぜ・とき）》です。その豪華絢爛さに圧倒されます。

同館は近世・近代の日本画、日本・中国・韓国の陶磁器を中心に幅広いジャンルの美術品、考古遺品を展示しています。5階まである大きな建物の広大な展示スペースに常時約４５０点の作品が展示されています。特別展なども随時開催されています。

60年以上行方不明で２０１２年にようやく発見され、同館収蔵品となった喜《き》多川《たがわ》歌麿《うたまろ》の肉筆浮世絵《深川の雪》を筆頭に、重要文化財に指定されている野々村仁清や尾形乾《けん》山《ざん》の陶器など、貴重な作品群が目白押しです。紺色を基調とした展示室に、照明に照らされた金屏風や陶磁器が浮かび上がり、美しさが際立って見えます。

箱根の自然も満喫

美術館に隣接する庭園もまた、1万5000平方メートルという広さ。自然の地形や恵みをいかした庭園の奥まで足をのばすと、美しい渓流にたどり着きます。ちなみに、こちらの庭園はアップダウンがややあるので、散策は歩きやすい靴をおすすめします。

庭園入口にある「開化亭」は日本家屋を改装した飲食施設。散策の後の疲れを癒やしてくれます。

ぜひ堪能してほしいのは、美術館としては大変珍しい100%源泉かけ流しの足湯。鑑賞や散策で疲れた足をゆっくりとほぐしてくれます。腰かけた目の先には大壁画《風・刻（かぜ・とき）》。コーヒーやおしるこを味わいながら、心まで温まることができます。美術品だけでなく箱根や自然の素晴らしさも満喫できる場所です。

神奈川

尾形乾山
《色絵竜田川文透彫反鉢》
江戸時代（18世紀）

赤、黄、緑色の葉がそよぎ、秋の華やかさを凝縮したような逸品で、重要文化財にも指定されている。

伊藤若冲
《花卉雄鶏図》
江戸時代中期（18世紀）

若冲は京都の青物問屋の長男として生まれつつも、40歳で家督を弟に譲り、画業に専念。本作はその頃の作品とされる。

DATA

（※外観のみ可）

建物の外に足湯があり、風神・雷神の大壁画《風・刻（かぜ・とき）》を眺めながら寛げる。

☎ 0460-87-3931
🕘 9:00～17:00　※入館は閉館30分前まで
休 12月31日、1月1日、展示替え期間
¥ 一般2800円ほか（足湯のみ利用の場合は入湯料別途500円、庭園入園料300円）
🚌 箱根登山鉄道小涌谷駅から「伊豆箱根バス」「箱根登山バス」小涌園バス停下車すぐ
箱根登山鉄道箱根湯本駅から「伊豆箱根バス」「箱根登山バス」小涌園バス停下車すぐ
🌐 www.okada-museum.com

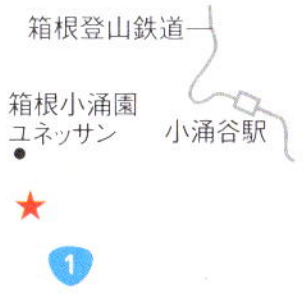

足柄下郡箱根町小涌谷493-1

MUSEUM 36

ポーラ美術館

ピエール・オーギュスト・ルノワール《レースの帽子の少女》1891年

印象派を代表するフランス出身の画家。柔らかなタッチと明るい色彩が響き合うような女性像や裸婦像は、日本でも人気が高い。

箱根でモダン・アートをたどる美の旅へ

箱根の自然と美術との共生をコンセプトにしたアートスポットです。ガラス張りの屋根から陽光が優しくふり注ぐエントランスに立てば、春夏秋冬で表情を変える箱根の山々も望めます。

同館で展示している美術品は、ポーラ創業家2代目、鈴木常司が40年以上にわたり収集してきたものです。その数はなんと1万点以上。

19世紀末から20世紀初頭にかけての西洋近代絵画のコレクションは約４００点と突出しています。さらに、モネやルノワール、ゴッホにドガら印象派の作品、レオナール・フジタ（藤田嗣治）やアメデオ・モディリアーニらエコール・ド・パリの作品などはそれぞれ約１００点も所蔵。

常設展示だけで、モダン・アートの流れをたどることができる自慢のラインナップです。加えて、ルネ・ラリックやエミール・ガレらガラス工芸品、古代から現代までの化粧道具など、華やかなコレクションが充実しています。

心踊る空間が広がる

館内にはレストランとカフェが併設。全面ガラス張りの窓から小塚山の眺望を楽しめる「レストラン アレイ」では、企画展限定メニューやこだわりの食事を、「カフェ チューン」では軽食やケーキが用意されています。気分やシチュエーションに応じて利用できるのがうれしいところ。

2013年にオープンした周囲の「森の遊歩道」を歩けば、富士箱根伊豆国立公園の自然に触れられます。鳥たちのさえずりが響き、ブナやヒメシャラが群生する森には、野外彫刻もあちらこちらに。

ミュージアムショップでは、印象派作品をモチーフにしたかわいいオリジナルグッズが揃っていて、お土産選びの時間も楽しく過ごせます。一日では足りません!

センスあふれるお土産ならミュージアムショップへ。写真は《レースの帽子の少女》をパッケージに使用したお菓子のアーモンドドラジェ。

アンリ・マティス《リュート》 1943年

マティスは野獣派の中心として活躍。本作は1943年、戦火を逃れて南仏ニースに滞在していた時に描かれた。

《あやめ文銀製化粧セット》
1903～1907年
ゴールドスミス & シルヴァースミス社

立ち鏡など28点の化粧セット。アール・ヌーヴォ様式によってあやめ文様が表現されている。

同館の代表作、
クロード・モネ《睡蓮》は、
p.132～133で紹介!

DATA

☎ 0460-84-2111
🕘 9:00～17:00 ※入館は閉館30分前まで
休 展示替え期間
¥ 一般1800円ほか
🚌 箱根登山鉄道強羅駅から「観光施設めぐりバス」でポーラ美術館バス停下車すぐ
🌐 http://www.polamuseum.or.jp/

足柄下郡箱根町仙石原小塚山1285

新潟県立近代美術館《にいがたけんりつきんだいびじゅつかん》

ポール・エリー・ランソン
《収穫する7人の女性》
1895年

ランソンは19世紀フランスで起こった前衛美術運動「ナビ派」の一人。ナビ派は西洋絵画のルール、遠近法や陰影を避け、立体感のない日本絵画を受容。特にランソンは日本美術に傾倒した。

佐伯祐三
《広告塔》1927年

「大光コレクション」の代表作。大阪生まれの洋画家、佐伯祐三は1924年渡仏し、パリの街角をよく描いた。

現代美術を核に 地域ゆかりの作品を

信濃川のほとりにある同館の収蔵品は、地元実業家の駒形十吉が収集した日本の近現代作品中心の「大光コレクション」が礎となっています。かつてこのコレクションは、日本で初めて「現代美術」を館名に用いた長岡現代美術館で展示されていましたが、１９７９年に閉館。１９９３年に開館した同館が同コレクションを引き継ぎ、発展させる形となりました。ちなみに、１９６０年代、地方都市で現代美術を扱う美術館は革新的だったそうです。

現在は「世界」「日本」「新潟」を収集テーマとし、「世界」ではナビ派やバルビゾン派など19世紀の西洋美術をコレクション。加えて、近代の国内作品も拡充しています。「日本」は明治以降の近代美術を展望できる作品群、「新潟」は県出身・県にゆかりのある作家が中心。この３つを柱にした６０００点を超える収蔵作品は、３つのコレクション展示室で披露されています。また、企画展示室もあり、年５回ほど特別展が開催されています。

屋外に彫刻がたくさん

同館きっての人気作といえば、藤田嗣治《つぐはる》《私の夢》。フランスに帰化し洗礼名レオナール・フジタとして、時代の寵児となった藤田。本作は敗戦後の日本で、4番目の妻をモデルに描いたとされます。

美術館は自然あふれる「千秋が原ふるさとの森」内にあり、見晴らしのよい屋外庭園には青木野《の》枝《え》をはじめとして、屋外彫刻も多く配置されています。天気のよい日には、緑に囲まれて気持ちよく芸術散策が楽しめます。

晴れた日に市内を一望できる屋上庭園もおすすめ。同館の代表作、佐伯祐三の《広告塔》にちなんだレストラン「広告塔」では、景色を眺めながらゆったりできます。

また、2003年、新潟市万代島に開館した分館では企画展のほか、収蔵品展を開催しています。

藤田嗣治《私の夢》1947 年
©Fondation Foujita ADAGP, Paris & JASPAR, Tokyo, 2017 G1065

日本で生まれ、フランスで才能を開花させたエコール・ド・パリの画家。彼の描く「乳白色の肌の女性」は国内外で人気が高い。

土田麦僊（つちだ はくせん）
《芥子》
1926 年

土田は新潟県佐渡で生まれ、京都画壇で「舞妓といえば麦僊」と呼ばれるまでに活躍した。

青木野枝らによる屋外作品もたくさんあるので庭園散策を楽しんで。

DATA

☎ 0258-28-4111
🕘 9：00～17：00　※券の販売は閉館30分前まで
休 月曜（祝日の場合は翌平日）、年末年始、展示替え期間
¥ コレクション展：一般430円ほか　※企画展は展示内容により異なる
🚌 JR上越新幹線ほか長岡駅から「越後交通中央循環バスくるりん」県立近代美術館バス停下車すぐ、またはタクシーで15分
🌐 https://kinbi.pref.niigata.lg.jp/

長岡市千秋3-278-14

MUSEUM 38

まつだい「農舞台」

まつだい「のうぶたい」

HOKURIKU・CHUBU

イリヤ&エミリア・カバコフ
《棚田》2000年 撮影：中村脩

伝統的な稲作の情景を詠んだテキスト、棚田で農作業をする人々の姿をかたどった彫刻、これらが棚田の風景に融合して現れる。

草間彌生
《花咲ける妻有》2003年
撮影：中村脩

「妻有は気高い土地である。どんな作品でも大手を広げて自由に包みこんでくれる寛容の地である」、そんな想いが込められた作品。駅からも見える。

土地に溶け込んだアートを鑑賞

新潟県には十日町市と津南町を会場に、2000年より開催されているアートの祭典「大地の芸術祭 越後妻有《つまり》アートトリエンナーレ」があります。複数の作品が集落に点在しており、鑑賞者は芸術だけでなく、土地そのものへの理解も深められます。その手法が注目され、現在は各地で、地域に密着したスタイルの芸術祭が開催されています。

芸術祭の開催は3年に1度ですが、野外展示など一部は通年公開されています。その中でも、ほくほく線まつだい駅周辺は作品が密集し、車がなくても行きやすい場所。駅近くにある、まつだい「農舞台」の目玉は、棚田とイリヤ&エミリア・カバコフ《棚田》をセットで鑑賞できるところです。この《棚田》を眺めながら、食事できる食堂やギャラリーも備えています。

DATA

※2018年4月中旬まで改修工事のため休館中

☎ 025-595-6180
🕘 10：00～17：00 ※入館は閉館30分前まで
休 水曜（祝日の場合は翌平日）
¥ 一般600円ほか
🚌 北越急行ほくほく線まつだい駅直結
🌐 http://www.echigo-tsumari.jp/

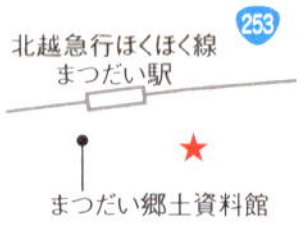

十日町市松代3743-1

富山県美術館

とやまけんびじゅつかん

永井一正《JAPAN》1988 年

日本のグラフィックデザイン界を代表する永井は、同館前身の富山県立近代美術館で、開館から閉館まで企画展のポスターを、そして同館のロゴマークをデザインした。

三沢厚彦
《Animal 2017-01-B》2017 年

「ANIMALS」を多く手がける人気作家による同館のための作品は、立山連峰を見据えて堂々と立つ大きな「クマ」。

屋上庭園では、グラフィックデザイナーの佐藤卓が「オノマトペ」（擬音語）から考えた遊具を自由に体験できる。

アートもデザインも気軽に楽しむ

2017年8月26日、コンセプトのひとつ「アートとデザインをつなぐ」のもと、内藤廣《ひろし》の設計により移転新築しました。20世紀初頭から現代までの美術の流れをたどれる収蔵品が魅力的。ピカソやフランシス・ベーコンの作品から、詩人・美術評論家の瀧口修造《たきぐちしゅうぞう》のコレクション、ポスターや椅子のコレクションまで、ジャンルは多岐にわたっています。

富岩運河環水公園や立山連峰を眺望できる屋上庭園「オノマトペの屋上」は、親子で楽しめる新名所。デザインを身近に感じられる遊具で遊べます。

2階屋外広場にある、三沢厚彦「ANIMALS」の3体のクマは、目の色が左右違います。これは富山の山、海、空、自然が写り込んでいるのを表しているとのこと。館内には木彫のクマもいて、どちらも大人気の写真スポットです。

DATA

屋上庭園「オノマトペの屋上」は夜 22 時まで。

☎ 076-431-2711
🕘 9：30～18：00　※入館は閉館30分前まで
休 水曜（祝日の場合は翌平日）、年末年始
※メンテナンス、展示替えなどで臨時休館の場合あり
¥ コレクション展：一般300円、70歳以上無料ほか
※企画展は展示内容により異なる
🚌 あいの風とやま鉄道富山駅から徒歩15分、JR北陸新幹線ほか富山駅から「富山地方鉄道バス」富山県美術館バス停下車すぐ
🌐 http://tad-toyama.jp/

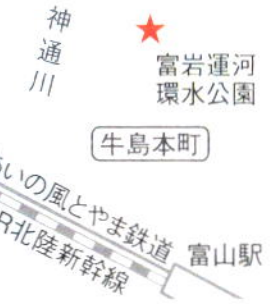

富山市木場町3-20

MUSEUM 40

富山市ガラス美術館

とやましがらすびじゅつかん

HOKURIKU・CHUBU

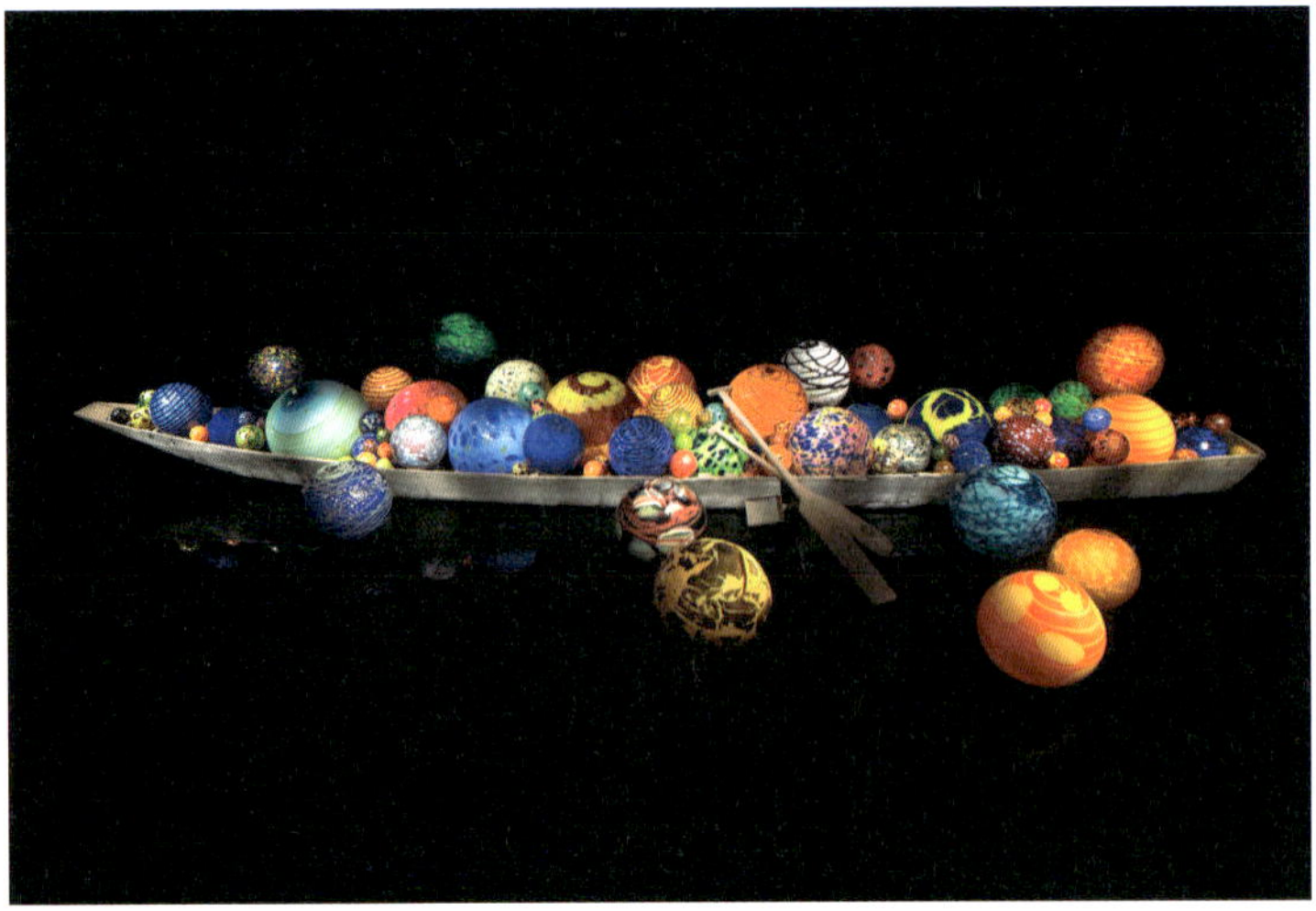

デイル・チフーリ
《トヤマ・フロート・ボート》
2015年

現代ガラス美術の巨匠が同館のために制作したインスタレーションが、6階「グラス・アート・ガーデン」にある。作り出す空間には、「笹舟」と呼ばれる、かつて富山の川で漁に使われていた船が取り入れられている。

ガラスの街に生まれたガラスアートの美術館

１９５０年代以降の現代ガラス美術作品を中心に収集・展示している美術館です。

現代ガラス美術は素材としてガラスを選択している芸術作品を指します。ガラスは質感や色、大きさなど無限のアレンジが可能な素材です。

美術館のある「ＴＯＹＡＭＡキラリ」は、かつてデパートのあった場所に、隈研吾の設計で建てられたもの。アルミやガラスと御影石を組み合わせた外観はもちろん、地元の杉材を使ったルーバー（羽板）が取りつけられた巨大な吹き抜け空間にも迫力を感じます。

薬の街である富山は古くから薬瓶の需要があり、ガラス製造が盛んだった街。そのため、富山市は教育施設や工房を設置して「ガラスの街づくり」を行ってきました。２０１５年に開館したこの美術館はその集大成ともいえます。

コレクション展を訪れると、同じガラスでも作家により趣が全く異なり、それぞれが美しいことを実感できます。

富山を思い描いた作品

最上階にあるグラス・アート・ガーデンは最大の見どころ。アメリカのアーティスト、デイル・チフーリが作り出す空間には、富山ならではの要素が散りばめられています。天井を埋め尽くす貝やヒトデ、青く細長い葦の穂、海に浮かぶ「浮き」など、数百点にも及ぶガラスのパーツを組み合わせて構成されており、幻想的な世界が広がります。

併設カフェは加賀麩の老舗である、不室屋が運営する「FUMUROYA CAFÉ」。麩を使ったランチやスイーツのほか、加賀棒茶も楽しめます。そして、地元のガラス作家による器や箸置き、アクセサリーなどが並ぶミュージアムショップもぜひ立ち寄りたい場所。美しいガラス作品を、実際に手に取って見られるのでワクワクしてきます。

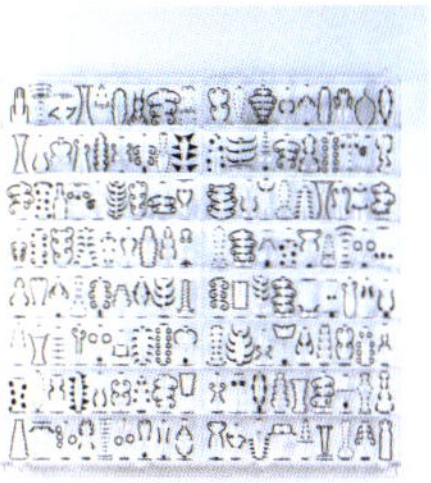

ダンテ・マリオーニ
《Vessel Display》
2010年
撮影：斎城卓

アメリカの人気ガラス作家で、吹きガラスの高度な技術を現代的な感覚と融合させた造形世界を展開している。

西悦子
《ピンクシャーリー》
2015年
撮影：斎城卓

ガラスで暖かさや柔らかさ、繊細さを表現する現代のガラス作家による作品。

デイル・チフーリ
《トヤマ・ペルシャン・シーリング》
2015年

天井のガラスアートが光を受けて輝く様を鑑賞できる。海の生きものや天使のようなモチーフが観られる。

斜めの吹き抜けが印象的な建物。県産材の羽板を使っている。施設内には図書館もある。建物外観は立山連峰をイメージしているという。

DATA

☎ 076-461-3100
🕒 9：30～18：00、金・土曜～20：00
※入館は閉館30分前まで
休 第1・第3水曜、年末年始
¥ 常設展：一般200円ほか　※企画展は展示内容により異なる
🚃 富山地方鉄道 富山市内軌道線西町から徒歩1分、
富山地方鉄道 環状線グランドプラザ前から徒歩2分
🌐 http://toyama-glass-art-museum.jp/

富山市西町5-1

MUSEUM 41

金沢21世紀美術館《かなざわにじゅういっせいきびじゅつかん》

ジェームズ・タレル
《ブルー・プラネット・スカイ》
2004年
撮影：中道淳／ナカサアンドパートナーズ

正方形に切り取られた天井の空間。通り過ぎていく光をとらえて、見ること、感じることを見直す。

レアンドロ・エルリッヒ
《スイミング・プール》2004年
撮影：渡邉修

同館のシンボル的な作品。作品の中からも外からも鑑賞でき、どちらから観ても感じ方が変わる。（雨天時は地上部分からの鑑賞不可）。

古都で現代アート
日常感覚を見つめ直して

2004年の開館以降「古都金沢」のイメージを大きく刷新し続けている現代美術専門の美術館です。同館を象徴するレアンドロ・エルリッヒの《スイミング・プール》（写真右上）は、一見普通のプールに見えますが、水面をのぞき込むと自由に動きまわる人が見え、一瞬ドキリとします。逆に下から上を見上げると、水面をのぞき込んで驚いている人がいて、また不思議。

同館の恒久展示は、この作品やオラファー・エリアソン《カラー・アクティヴィティ・ハウス》のように、人と人との関わりや日常を改めて見つめ直すきっかけになる作品が多く、世代や国籍を超えて親しまれています。

天井の中心が正方形に切り取られ、そこから空の移り変わりを観るジェームズ・タレル《ブルー・プラネット・スカイ》や次ページの3作品など、入場無料の「交流ゾーン」や屋外にも多く作品があり、ふらりと訪れても楽しめるのがうれしいです。

ユニークな建物も味

円形の特徴的な建物は、妹《せ》島《じま》和《かず》世《よ》と西沢立衛によるSANAAの設計で、こちらも鑑賞ポイントです。壁面にガラスを多く採用し、中心部まで明るく光が降り注いでいます。敷地内には塀がなく、入口は複数あるため、どこからでも出入りできます。気軽な気持ちで美術館に立ち寄ってもらいたい、という願いが建物に宿っているかのよう。美術館の内側から見る金沢の景色もまた素晴らしいものです。

館内にあるカフェレストラン「Fusion21」では、加賀野菜など地元の食材をたっぷり使ったビュッフェランチに舌鼓。ちなみに、館内には日本であまり見かけることのない油圧式エレベーターがあります。天井がぽっかり空いた開放感あふれる乗り心地なので、ぜひお試しあれ。

ヤン・ファーブル
《雲を測る男》1999年
©Angelos bvba

演劇、美術など多ジャンルで活動するアーティストの作品。1961年のアメリカ映画『終身犯』から着想を得て制作された。

オラファー・エリアソン
《カラー・アクティヴィティ・ハウス》2010年
© 2010 Olafur Eliasson
撮影：木奥惠三

3色のガラスの壁が渦巻き状に形成されている作品。ガラスの前を行き来したり、その間を通ったりするたびに、光の観え方が変わってくる。

パトリック・ブラン
《緑の橋》2004年
撮影：中道淳／ナカサアンドパートナーズ

ガラスの廊下をまたぐ緑色の橋。四季によって異なる植物が配置され、印象が変わるのを楽しめる。

DATA

撮影：渡邉修

076-220-2800
10：00～18：00、金・土曜～20：00
※券の販売は閉館30分前まで
休 月曜（祝日の場合は翌平日）、年末年始
¥ コレクション展：一般360円ほか
※企画展は展示内容により異なる
JR北陸新幹線ほか金沢駅から「北陸鉄道路線バス」広坂・21世紀美術館バス停下車すぐ、またはタクシーで10分
https://www.kanazawa21.jp/

金沢市広坂1-2-1

写真提供：金沢21世紀美術館

MUSEUM 42

石川県立美術館

いしかわけんりつびじゅつかん

HOKURIKU・CHUBU

野々村仁清
《色絵雉香炉》
《色絵雌雉香炉》
17 世紀

京焼の祖とされる仁清の名作。写真右の《色絵雉香炉》は国宝に、写真左の《色絵雌雉香炉》は重要文化財に指定されている。

《色絵鳳凰図平鉢 古九谷》
17 世紀

器面いっぱいに瑞鳥である鳳凰をただ一羽だけ描いた、迫力ある作品。石川県指定文化財。

歴史ある美術工芸品の宝庫

金沢城や兼六園に近い同館は、石川県にゆかりのある美術作品を中心に収集・展示しています。必ず観ておきたいのは、江戸時代前期の陶工、野々村仁清の国宝《色絵雉香炉》と重要文化財の《色絵雌雉香炉》です。通年展示されています。そして、加賀藩を治めていた前田家所蔵の絵画や工芸品が寄託展示されている前田育徳会尊經閣文庫分館です。加えて、古九谷から再興九谷までの九谷焼、輪島塗や山中塗などの漆器、加賀友禅など、美術工芸品は特に素晴らしく充実しています。

　隣接する県文化財修復工房では、実際に文化財を修復している様子を見学することができます。石川県出身パティシエ、辻口博啓がプロデュースするカフェ「ル ミュゼ ドゥ アッシュ KANAZAWA」では、地元の素材を使ったスイーツを楽しめます。

DATA

☎ 076・231・7580
🕘 9：30〜18：00　※入館は閉館30分前まで
休 年末年始、展示替え期間
¥ コレクション展・前田育徳会尊經閣文庫分館：一般 360 円ほか
※第1月曜、国際博物館の日（5月18日）・いしかわ文化の日（10月第3日曜日）は無料　※企画展は別途料金
🚌 JR 北陸新幹線ほか金沢駅から「北陸鉄道路線バス」広坂・21世紀美術館（石浦神社向い）バス停より徒歩５分、JR 金沢駅から「兼六園シャトル」県立美術館・成巽閣バス停より徒歩２分
🌐 http://www.ishibi.pref.ishikawa.jp/

金沢市出羽町2・1

MUSEUM 43

福井県立美術館

ふくいけんりつびじゅつかん

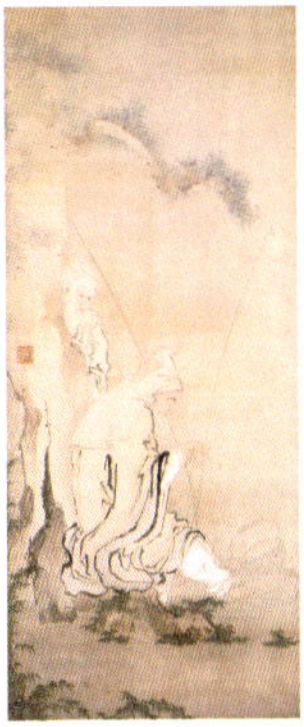

岩佐又兵衛
《龐居士図》
（ほうこじず）
江戸時代
（17 世紀）

江戸初期の画人で名は勝以。人物画や風景画で本領を発揮し、「浮世又兵衛」と呼ばれて新境地を拓いた。

菱田春草
《落葉》（右隻）
1909～10 年

岡倉天心のもとで日本美術院の創設に参加し、日本画の改革運動の中心メンバーとして活躍。

狩野芳崖
《伏龍羅漢図》 1885 年

芳崖は山口県に御用絵師の子として生まれるも、狩野派の型にはまらず日本画を追求し、アメリカ人教師フェノロサや岡倉天心の思想に共鳴した。

福井に縁をもつ作家・名画揃い

２０１７年で開館40周年を迎えた同館は福井県ゆかりの芸術家の作品収集・展示を積極的に行っています。

中でも、浮世絵の祖とも呼ばれ、福井滞在時に数々の傑作を残した岩佐又兵衛の作品は、展示されていたら必ず観ておきたいもの。《龐居士図》はこの地の豪商金屋家に秘蔵された屏風絵の一図で、彼の巧みな技術とダイナミックさが見事に表れています。

また、父親が福井藩士だった岡倉天心ゆかりの作家が描いた作品も充実しており、狩野芳崖《ほうがい》《伏龍羅漢図》や、菱《ひし》田《だ》春草《しゅんそう》《落葉》など名品揃い。さらに、明治末期に渡米した福井出身の美術貿易商、岡島辰五郎が収集した刀剣や根付からなる「岡島コレクション」も必見です。「福井」を切り口に多様なジャンルの作品を楽しめる美術館です。

DATA

0776・25・0452
9：00～17：00　※入館は閉館30分前まで
休 年末年始、臨時休館日
¥ コレクション・企画展：一般100円、70歳以上無料ほか
※特別企画展は展示内容により異なる　※毎月第3日曜「家庭の日」、2月7日「ふるさとの日」はコレクション・企画展のみ無料
福井鉄道福武線・えちぜん鉄道三国芦原線田原町駅から徒歩8分、JR北陸本線ほか福井駅から「コミュニティバスすまいる」県立美術館前バス停下車すぐ
http://info.pref.fukui.jp/bunka/bijutukan/bunka1.html

福井市文京3・16・1

MUSEUM 44

山梨県立美術館

やまなしけんりつびじゅつかん

ジャン＝フランソワ・ミレー
《落ち穂拾い、夏》
1853年

こちらも同館代表作。落ち穂拾いをする貧しい女性たちを主役にすえた作品。

ジャン＝フランソワ・ミレー
《種をまく人》 1850年

ミレーが、パリを離れてバルビゾン村に移り住んで初めて手がけた大作。ミレーは1875年に亡くなるまで、この村に住み続けた。

ミレー館展示室内は落ち着いた赤い色の壁で、ミレー作品がより映える。

ミレー作品を観たいならここへ

同館の最初の収蔵品は、ジャン＝フランソワ・ミレーの代表作《種をまく人》。それ以来、ミレーや19世紀フランスのバルビゾン派の作家、ヨーロッパの風景画家の作品を収集し続け、現在はミレー作品だけで約70点を収蔵。「ミレーの美術館」として親しまれています。美術館2階の「ミレー館」は、彼とバルビゾン派の作品が展示されている特別な空間です。

今でこそポピュラーなミレー作品ですが、当時のフランスでは、貧しい農民の姿や暮らしを中心的な画題として繰り返し取り上げた彼の作品は、非常に革新的なものでした。

また、山梨に縁のある作家の作品も積極的に収蔵しており、魅力的な木版画作品を多数残した萩原英雄の作品は、記念室で観ることができます。

DATA

☎ 055-228-3322
🕘 9：00～17：00　※入館は閉館30分前まで
休 月曜（祝日の場合は翌日）、祝日の翌日（日曜の場合は開館）、年末年始、臨時休館
¥ コレクション展：一般510円、65歳以上無料ほか
※特別展は別途料金
🚌 JR中央本線ほか甲府駅から「山梨交通バス」山梨県立美術館バス停下車すぐ
🌐 http://www.art-museum.pref.yamanashi.jp/

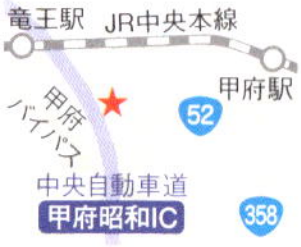

甲府市貢川1-4-27

清春白樺美術館

きよはるしらかばびじゅつかん

高村智恵子
《樟》（くす）1913 年

雑誌『青鞜』の表紙などで活躍していた洋画家。後に詩集『智恵子抄』を著す彫刻家・画家の高村光太郎とは 1914 年に結婚した。

ジョルジュ・ルオー
《聖顔》1939 年

敬虔なカトリックであったルオーは、聖書の物語をテーマにした作品を多く描いた。本作品はキリストの顔を描いたもの。

館内は折れ曲がる階段を上手に活用した展示室になっている。

白樺派が夢見た幻の美術館

複数の美術館やアトリエ、礼拝堂などからなる文化複合施設、清春芸術村にある美術館です。安藤忠雄の「光の美術館」や藤森照信《てるのぶ》「茶室　徹《てつ》」など、建築好きならずとも観ておきたい施設が多数存在しています。

同館は、武者小路実篤《むしゃのこうじさねあつ》や志賀直哉ら白樺派の文学者が抱いていた美術館構想を、彼らと親交があった吉井画廊の創設者、吉井長三が現実化させたもの。谷口吉生設計の建物内には白樺同人が愛したジョルジュ・ルオーや岸田劉生の作品などが展示されています。また、白樺派が敬愛した画家の梅原龍三郎《うめはらりゅうざぶろう》のアトリエ、ルオーが制作・彩色をほどこしたステンドグラスが飾られている「ルオー礼拝堂」も近くにあり、多様な角度から白樺派の求めた美を感じ取れる場所となっています。

DATA

☎ 0551・32・4865
🕒 10：00～17：00　※入館は閉館30分前まで
休 月曜（祝日の場合は翌平日）、年末年始
¥ 清春芸術村入場料：一般1500円（美術館入館料含む）ほか
🚌 JR中央本線長坂駅から「北杜市民バス」清春芸術村バス停下車すぐ、またはタクシーで5分
🌐 http://www.kiyoharu-art.com/museum/

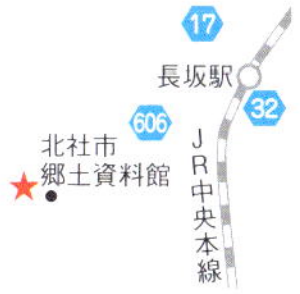

北杜市長坂町中丸
2072

松本市美術館

まつもとしびじゅつかん

草間彌生
《かぼちゃ》1999 年
ⒸYAYOI KUSAMA

1929 年に松本で生まれ、今や世界で活躍する現代美術家の作品を、本作のような代表作を含め初期から最新作まで幅広く収集。

田村一男
《陽月》1971 年

若い頃見た信州の雄大な風景に感銘を受け、生涯を通じて日本の高原風景を描き続けた洋画家。

上條信山
《飛龍》
1985 年

松本生まれの書家で、独自の力強い書風の世界を切り開いた。

“ドット柄”の草間彌生ワールド展開

近年クラフトの街として注目が集まる松本市にある美術館です。まず驚くのは、松本市出身の芸術家、草間彌生がデザインした、建物外観を覆う作品！ そして、入口前に設置された野外彫刻《幻の華》は、彼女の立体作品の中でも最大級の大きさ。大きな水玉模様の世界に、入る前から期待が高まります。

コレクション展では信州ゆかりの作家作品を展示。特に山の風景を描いた画家、田村一男《かずお》と書家の上條信山《かみじょうしんざん》は記念展示室もあります。もちろん、草間彌生も常設展示してあり、初期から現在までの作品を鑑賞できます。

美術館だけでなく、草間デザインの市内巡回バス「水玉乱舞号」が街中を走るなど、草間ワールドとなっている松本市。バスに乗って街中も存分に楽しみましょう。

DATA

写真奥は草間彌生の《幻の華》(2002 年)。建物ガラス面の《松本から未来へ》(2016 年)は期間限定の作品。

☎ 0263-39-7400
🕒 9：00〜17：00　※入館は閉館30分前まで
休 月曜(祝日の場合は翌平日)、年末年始
¥ コレクション展：一般410円、中学生以下無料ほか
※企画展は展示内容により異なる
🚌 JR中央本線ほか松本駅から徒歩12分、または「アルピコ交通バス・横田信大循環線」松本市美術館バス停下車すぐ
🌐 http://matsumoto-artmuse.jp/

松本市中央4-2-22

長野

MUSEUM 47

安曇野ちひろ美術館

あずみのちひろびじゅつかん

いわさきちひろ
《わらびを持つ少女
『あかまんまとうげ』
（童心社）より》
1972年

児童文学作家・岩崎京子の代表作の挿絵をちひろが担当。物語はもうすぐ姉になる少女の想いを描いたもの。

エリック・カール
《『はらぺこあおむし』のイメージ》1999年

世界中で翻訳され愛されている絵本の原画など、各国の絵本原画をコレクションしている。

女優・黒柳徹子の『窓ぎわのトットちゃん』の世界を体験できるトットちゃん広場。電車の教室も再現されている。

親子で楽しめる絵本ミュージアム

生涯をかけて子どもを描き続けた絵本画家いわさきちひろの原画、そしてエリック・カール《はらぺこあおむし》など世界の絵本原画を収集・展示する美術館です。建築家の内藤廣が設計した建物は全館バリアフリー。車椅子やベビーカーでもストレスなく館内を移動できます。靴を脱いで絵本を読んだり、おもちゃで遊んだりできる「子どもの部屋」や、3000冊の絵本が揃う「絵本の部屋」など、親子で楽しめるコーナーも充実しています。

美術館の周囲にある安曇野ちひろ公園には、黒柳徹子著の『窓ぎわのトットちゃん』に登場する「電車の教室」が再現された「トットちゃん広場」があります。電車の窓から見える北アルプスは本当に美しい！ 絵本も自然も心ゆくまで堪能できる美術館です。

DATA

☎ 0261-62-0772
🕒 9：00～17：00　ゴールデンウィーク・お盆期間～18：00
休 第2・4水曜、展示替え期間、冬季休館（2018年は2月28日までと、12月17日～19年2月28日まで）
¥ 一般800円、高校生以下無料ほか
🚌 JR大糸線信濃松川駅からタクシーで5分、JR大糸線穂高駅から「あづみ野周遊バス」安曇野ちひろ美術館バス停下車すぐ
※運行情報は年ごとに変わるので、安曇野市観光情報センター［電話0263－82－9363］にお問合せください
🌐 https://chihiro.jp/azumino/

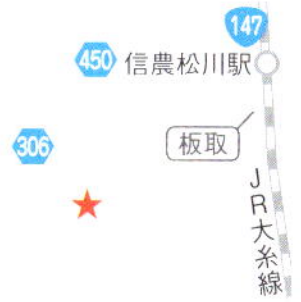

北安曇郡松川村西原
3358-24

MUSEUM 48

無言館

むごんかん

HOKURIKU・CHUBU

展示室内は打ち放しのコンクリートに囲まれ、時が止まったかのような静けさに包まれている。作品の解説には作家の生まれた年や場所、通った美術学校、戦死した場所と年代が記されている。

作品を照らす以外の明かりは極力抑えられ、余計な装飾性はなく、一作品一作品じっくりと鑑賞できる。ガラスケース内には遺品が展示されている。

戦争で散った若き才能の強い思い

第二次世界大戦で命を落とした戦没画学生の作品をはじめ、愛用したイーゼルや書簡など遺品を展示しています。信濃デッサン館館主で作家の窪島誠一郎《くぼじませいいちろう》と、出征経験を持つ洋画家の野見山《のみやま》暁治《ぎょうじ》の二人が全国の遺族から作品を集め、1997年に開館しました。現在は第二展示館もオープンしています。

画学生たちは東京美術学校（現・東京藝術大学）などで学んでいたり、独学で自分の絵画世界を切り開いたりと境遇は様々。ただ、全員が芸術を愛し、ひたむきに創作活動に打ち込んでいました。落ち着いた照明の静かな空間で、彼らの強い思いと向き合えます。

徒歩10分ほどのところにある姉妹館の信濃デッサン館では、村山槐多《かいた》、関根正二、松本竣介ら夭逝した画家のデッサンなどを展示しています。

DATA

☎ 0268-37-1650
🕘 9：00～17：00
休 火曜（祝日の場合は翌平日）
¥「無言館」・「無言館第二展示館」共通券：一般1000円ほか
🚌 上田電鉄別所線塩田町駅から徒歩30分、または「信州の鎌倉シャトルバス」無言館入口バス停より徒歩5分（4～11月運行）
🌐 http://www.mugonkan.jp/

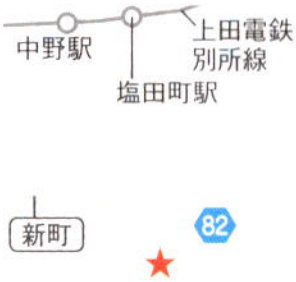

上田市古安曽3462

豪商の館 田中本家博物館

ごうしょうのやかた たなかほんけはくぶつかん

《緋縮緬地松竹梅鶴亀模様打掛》
大正時代

江戸から昭和初期まで受け継がれてきた、豪華な婚礼衣裳の数々。写真は鶴や亀、松竹梅などが刺繍で描かれた美しい打掛。

《色絵窓絵唐花文輪花中皿》
江戸時代

殿様の接待から婚礼など様々なおもてなしに使われた器類は1万点ほどのコレクションに。

豪商の面影を残す建物。この地方独特の「ぼたもち石積み」という職人芸で土台を築いた蔵が並んでいる。

豪商きってのお宝、日常品を拝見

1733（享保18）年に創業し、一時は須坂藩よりも財力が上回ったとされる北信濃屈指の豪商、田中本家伝来の品を展示している博物館です。5棟の蔵を改装した展示館には、テーマごとに様々な所蔵品が並びます。

書画や着物など江戸時代の至宝はもちろん、田中本家の子どもたちが大正期に着用していた服など現代に近い時代の衣服類の揃えもキュートです。毎年2～3月は代々伝わってきた雛人形が展示されます。

3000坪の敷地内には3つの庭園があり、樹齢200年のしだれ桜が咲く春、毎日千輪もの朝顔が咲く夏、紅葉が色づく秋と季節で趣が変わります。週末にオープンする喫茶室で味わえる、江戸時代の接待古文書（レシピ）から再現した雑煮や弁当も美味です。

DATA

☎ 026・248・8008
🕘 9：30～17：00（4～11月）、10：00～15：30（12～2月）、10：00～16：30（3月）　※入館は閉館30分前まで
休 火曜（祝日の場合は開館）、年末年始、展示替え期間などによる臨時休館　※3・8月、10～11月は無休
¥ 一般750円ほか　※企画展により変更する場合あり
🚌 長野電鉄長野線須坂駅から「長電バス」南原町西バス停すぐ、またはタクシーで5分
🌐 http://www.tanakahonke.org/

須坂市穀町476

多治見市 モザイクタイルミュージアム

たじみしもざいくたいるみゅーじあむ

4階展示室の風景
© Akitsugu Kojima
4階展示室は、床から天井まで白のタイル尽くし！　圧巻は、屋根に空いた穴に広がる、白い“タイルのカーテン”（写真奥）。

今では珍しくなったモザイクタイルを展示

モザイクタイル生産量日本一の街に2016年、生まれた美術館です。ずんぐりとした外観は陶土の産地、多治見でよく見かける「粘土山」をイメージしたもので、ユニークな建築で知られる藤森照信が設計しました。建物の外壁には、茶碗や皿のかけらが埋め込まれています。

館内に入り、登り窯をイメージした階段で最上階まで上がって、まず目を奪われるのは、天井に大きく開いた穴と、モザイクタイルが散りばめられたカーテン状のオブジェ（写真上）。雨風が吹き込んでくることもありますが、タイルは耐水性に優れているので、問題ありません。

白色を基調にした展示室には、地元有志の方々が20年以上かけて全国各地の取り壊される建築物から集めた銭湯タイルや台所のかまど、風呂桶に炊事台など、実際に使用されていたモザイクタイルが飾られています。職人さんが作った傑作は、とても美しく、そして懐かしく感じます。

学びながら体験できる

モザイクタイルの世界を堪能した後は、３階の製造工程や歴史がたどれる展示スペースへ。古いタイル見本や、タイル出荷のためシートに貼りつける「貼り板」など、興味深い資料が並びます。モザイクタイルをテーマに、現代美術から考古学まで様々なジャンルの企画展示も行われています。

２階は、購入可能なタイル見本を閲覧できるタイルの情報フロア。経験豊富なコンシェルジュによる、タイルを使ったリフォームなどの相談も受けつけています。

ミュージアムショップの商品も、モザイクタイルの「詰め放題」や、タイルを使ったアクセサリー、壁に飾りたくなる手の込んだタイルなど、かわいらしいものばかり。昭和のデッドストックものなど、貴重なタイルも入手可能です。

モザイクタイルの洗い場

4階の展示室では、実際に使用されていたタイル貼りの洗面台や風呂などが公開されている。

マジョリカタイル

金型で花柄など凹凸のレリーフを施した、色鮮やかなレリーフが特徴のタイル。日本では大正から昭和初期に流行した。

雨天時は4階展示室の“タイルのカーテン”（写真左）に雨も降り注ぐが、タイルは水に強いので大丈夫とのこと。

4階展示室の風景
© HAYAHI Masashi

DATA

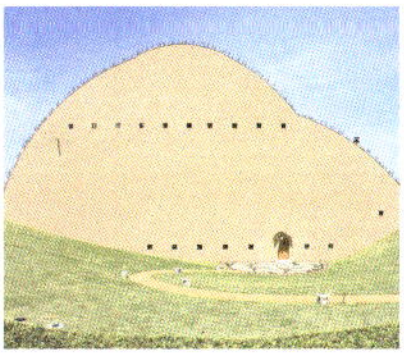

© Akitsugu Kojima

☎ 0572・43・5101
🕘 9：00〜17：00　※入館は閉館30分前まで
休 月曜（祝日の場合は翌平日）、年末年始
¥ 3〜4階展示室：一般300円ほか　※企画展は別途料金
🚌 JR中央本線ほか多治見駅から「東濃鉄道バス笠原線」モザイクタイルミュージアムバス停下車すぐ
🌐 http://www.mosaictile-museum.jp/

多治見市笠原町2082-5

MUSEUM 51

飛騨高山美術館

ひだたかやまびじゅつかん

HOKURIKU・CHUBU

モーリス・マリノー
《カナリア文小瓶》
1925 年

フランス生まれのフォービズムの画家でアール・デコ期を代表するガラス工芸家でもある作家による、ふたつき香水瓶。

ガラス工芸と世紀末芸術を核にしたコレクション

第一次世界大戦が起き、アジアやアフリカ、アメリカから新しい文化が流れ込んでいた19世紀末〜20世紀半ばのヨーロッパは、人々の価値観が変わり、美術やデザイン界にも大変革が起こりました。

植物や曲線を多用した19世紀末生まれの「アール・ヌーヴォー」、ヌーヴォーの後に生まれ、１９２０年代に最盛期を迎えた直線や幾何学の美が際立つ「アール・デコ」も、この時期に勃興した芸術様式。この頃のガラス工芸や装飾芸術品を中心に収集・展示しているのが、こちらの美術館。

充実しているのは《シャンゼリゼ・ショッピング・アーケードの噴水》を制作したルネ・ラリックの作品。アール・ヌーヴォーとデコの両時期に活躍した宝飾作家でガラス工芸の立役者です。

また、フォービズムの画家として出発したものの、ガラスに魅了されて作品を作り始めたモーリス・マリノの作品も日本では屈指の収蔵数。ボトル型の作品が多くあります。

再現展示でみる暮らし

「19世紀末インテリア館」は、家具や調度品、工芸作品を当時の住宅で使用していたように展示した空間。ガラスだけでなく、家具デザイナーとしても活躍したエミール・ガレの部屋や、コロマン・モーザー、ヨーゼフ・ホフマンらが参画したウイーン分離派の部屋を観れば、細部まで考え抜かれたデザインであることが分かります。わずかな年代や国の違いで、様式が大きく変わることも実感します。

　美術館併設の「ザ・マッキントッシュ・ティールーム」は、19世紀末～20世紀初頭にかけて活躍したイギリスはグラスゴー出身の建築家、チャールズ・レニー・マッキントッシュのデザインを取り入れたカフェ。テラス席は北アルプスの山々や飛騨高山の街並みを見渡せる絶景ポイントです。

チャールズ・レニー・マッキントッシュの部屋

家具・調度品などを実際に配置した再現展示室では、生活空間を全身で体感できる。写真は19～20世紀にかけて活躍した建築家・デザイナーの展示室。

藤田喬平
《飾筥（かざりばこ）『紅白梅』》
1989年

藤田は金や紅白などを使って蒔絵のような絵柄をガラスで表現する作家。

ウィーンの部屋

ウィーン分離派によるコラー家の別荘のダイニングルームとサンルームを再現。

ルネ・ラリック
《シャンゼリゼ・ショッピング・アーケードの噴水》
1926年

アール・デコ期のガラス芸術作品としては、世界で唯一現存するガラスの噴水。光が七色に変化する様が美しい。

DATA

☎ 0577-35-3535
🕘 9：00～17：00　※受付は閉館30分前まで
休 不定休
¥ 一般1300円ほか
🚌 JR高山本線高山駅から「濃飛バス（さるぼぼバス）」飛騨高山美術館前バス停下車すぐ
🌐 http://www.htm-museum.co.jp/

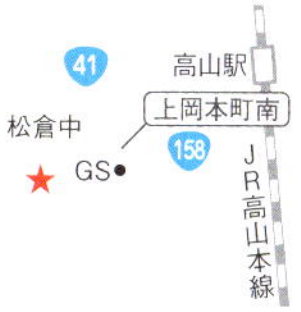

高山市上岡本町1-124-1

岐阜県美術館

ぎふけんびじゅつかん

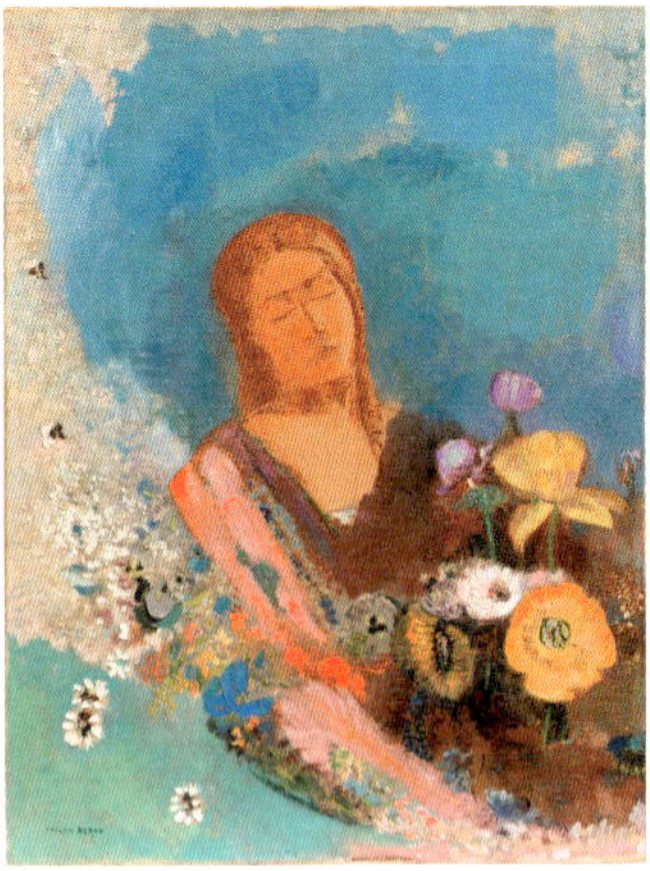

オディロン・ルドン
《眼をとじて》
1900年以降

木炭や版画による黒の世界から始まったルドン。幻想的な色彩の絵画へと移行していった時期の作品。

山本芳翠
《裸婦》
1880年頃

山本は岐阜県に生まれ、フランスで学んだ洋画家。日本においては、本格的な油彩画による裸婦像初期の作品。重要文化財。

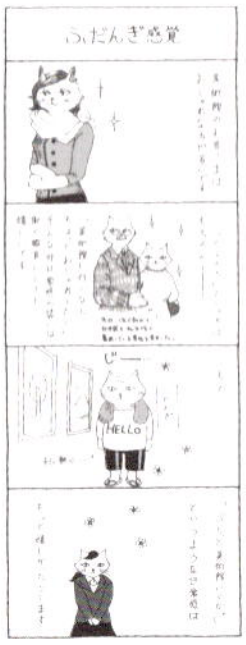

読めば美術館が身近になると話題の『ミュージアムの女』。作者は現役職員。

象徴主義の画家ルドン作品が充実

前田青邨《せいそん》や山本芳翠《ほうすい》、熊谷守一《もりかず》など岐阜県ゆかりの作家・作品の展示・研究が活発に行われている美術館です。19世紀後半のフランス象徴主義のコレクションも有名です。

中でも所蔵数254点に及ぶオディロン・ルドンの作品群は世界有数。深い闇と光による神秘的かつ精神的な世界、あふれる色彩による幻想的な空間を創出したルドンの表現は、多くの人を魅了しました。漫画家の水木しげるはルドンに影響を受け、「目玉のおやじ」を生み出したとか。

開館35年を迎え、美術館をさらに楽しむ鑑賞プロジェクト「ナンヤローネ」発足や、美術館監視員の日常を漫画化したツイッター『ミュージアムの女』の書籍化など、独自に行われている活動も注目を集めています。

DATA

☎ 058-271-1313
🕒 10：00～18：00、企画展開催時の第3金曜～20：00
※展示室の入場は閉館30分前まで
休 月曜（祝日の場合は翌平日）、年末年始、臨時休館日あり
¥ 所蔵品展示：一般330円ほか　※企画展は展示内容により異なる
🚌 JR東海道線西岐阜駅から徒歩15分、JR東海道線岐阜駅から「岐阜バス鏡島市橋線」県美術館バス停下車すぐ
🌐 http://www.kenbi.pref.gifu.lg.jp/

岐阜市宇佐4-1-22

愛知県美術館

あいちけんびじゅつかん

グスタフ・クリムト
《人生は戦いなり
（黄金の騎士）》 1903 年

クリムトは世紀末ウィーンを代表する画家で、閉鎖的な芸術界の刷新を目指して、1897 年に生まれた「ウィーン分離派」の中心として活動した。

熊谷守一
《猫》1965 年［左］
《たまご》1959 年
（木村定三コレクション）

名古屋の著名な収集家によるコレクションには、交流のあった画家の熊谷守一の秀作が多い。

幅広いジャンルの 20 世紀美術を

名古屋の中心地、栄にある同館は、愛知県に関連する作家・作品のほか、国内外の優れた20世紀美術を収集・展示しています。その中でも、グスタフ・クリムト《人生は戦いなり（黄金の騎士）》は金色の輝きがまぶしい人気作品。2017年には、バルテュス《白馬の上の女性曲馬師》も新しい目玉作品として収蔵品に加わりました。

もうひとつの中核は、全収蔵品点数の半数近く、3000点超にのぼる「木村定三《ていぞう》コレクション」。与謝蕪村や浦上玉堂《うらかみぎょくどう》などの江戸絵画から、小川芋銭、須田剋太《こくた》など近現代作品まで幅広い作品が揃っています。とりわけ、木村が生涯支援し続けた、明るい色彩とシンプルな形の作風で知られる画家の熊谷守一《もりかず》は作品数200点超と突出。様々な作品を楽しめます。

DATA

※2019年3月31日まで改修工事のため休館中

☎ 052-971-5511（代）
🕒 10：00〜18：00、金曜〜20：00　※入館は閉館30分前まで
休 月曜（祝日の場合は翌平日）、年末年始、展示替えなどによる整理期間
¥ コレクション展：一般500円ほか　※企画展は展示内容により異なる
🚃 名古屋市営地下鉄東山線・名城線栄駅、または名鉄瀬戸線栄町駅から徒歩3分
🌐 http://www-art.aac.pref.aichi.jp/

名古屋市東区東桜1-13-2
愛知芸術文化センター10階

名古屋市美術館

なごやしびじゅつかん

アメデオ・モディリアーニ
《おさげ髪の少女》
1918 年頃

20 世紀を代表するエコール・ド・パリの画家。あどけない少女の愛らしさが表現されていて同館きっての人気作品。

フリーダ・カーロ
《死の仮面を被った少女》
1938 年

メキシコを代表する画家で、若い時に遭った事故の後遺症を抱えつつ活動した。流産で亡くした子どもを描いたという説がある。

様々な仕掛けのある建物が個性的

コレクションは「郷土の美術」を出発点に今は4本柱。後に加わった3本は、20世紀前半のパリで活躍した外国人作家を中心とする「エコール・ド・パリ」、壁画運動など独自の芸術が花開いた20世紀前半メキシコの「メキシコ・ルネサンス」、地域ゆかりの荒川修作《しゅうさく》、河原温《かわらおん》、桑山忠明《くわやまただあき》を中心にした「現代の美術」です。美術館のシンボルとして人気の《おさげ髪の少女》を描いたモディリアーニも、イタリア出身の「エコール・ド・パリ」の作家です。

建物は愛知県出身の黒川紀章が設計。美術館のある白川公園から入口へ通じる「アプローチグリッド」は、神社の鳥居を引用。日本の伝統的意匠が随所に引用されています。エレベーターホールの枠に至るまで、あちこち探して楽しんでみてください。

DATA

☎ 052-212-0001
🕘 9：30～17：00、金曜（祝日を除く）～20：00 ※入館は閉館30分前まで
休 月曜（祝日の場合は翌平日）
¥ 常設展：一般 300 円ほか ※特別展は展示内容により異なる
🚌 名古屋市営地下鉄鶴舞線大須観音駅から徒歩7分、名古屋市営地下鉄鶴舞線・東山線伏見駅から徒歩8分
🌐 http://www.art-museum.city.nagoya.jp/

名古屋市中区栄2-17-25
芸術と科学の杜・白川公園内

MUSEUM 55

豊田市美術館

とよたしびじゅつかん

HOKURIKU・CHUBU

愛知

岸田劉生
《自画像》
1913年

劉生は自画像を多く描いた。本作制作と同じ頃、独自の細密な写実的表現へと変化を遂げていく。

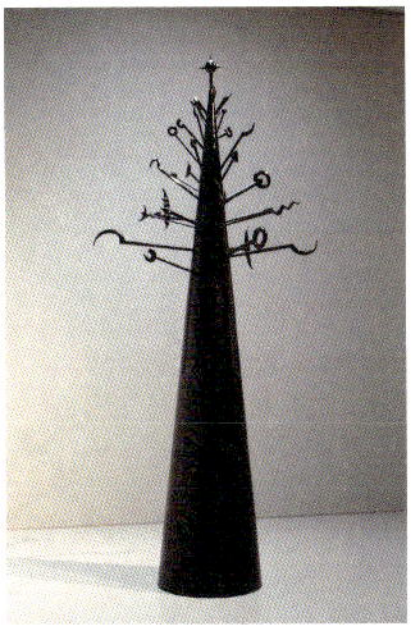

髙橋節郎
《童子神》1995年

同館の地に以前建っていた、小学校の取り壊された木造校舎の材木を使って制作された作品。

グスタフ・クリムト
《オイゲニア・プリマフェージの肖像》
1913〜14年

クリムトらは生活に芸術を取り入れようと、デザイン製品を制作するウィーン工房を設立。本作のモデルはその後援者である銀行家の妻。

高台にある近現代美術の宝庫

かつて挙母城《ころもじょう》（七州城）があった高台に立地する同館は、国内外の近現代美術・デザインを展望できる作品を中心に展示しています。グスタフ・クリムトやエゴン・シーレ、オスカー・ココシュカなどウィーン分離派周辺の作品から、岸田劉生の自画像、ダニエル・ビュレンのインスタレーションに至るまでバラエティ豊か。訪れるたびに新しい発見のある場所です。

水平で構成された佇まいがモダンな建物は、美術館建築の名手、谷口吉生によるもの。本館隣にある、漆芸術の第一人者、髙橋節郎《せつろう》の作品を展示する髙橋節郎館、立礼でお茶をいただける数寄屋造りの茶室「童子苑《どうじえん》」も彼が設計しています。3つの建物は趣が異なるので、違いを見比べるのも、美術館を訪れる楽しみのひとつです。

DATA

☎ 0565-34-6610
10：00〜17：30　※入館は閉館30分前まで
休 月曜（祝日除く）、臨時休館日
¥ 一般300円ほか、市内在住の75歳以上無料ほか
※企画展は展示内容により異なる
名鉄三河線・地下鉄舞鶴線豊田市駅、愛知環状鉄道新豊田駅から徒歩15分
http://www.museum.toyota.aichi.jp/

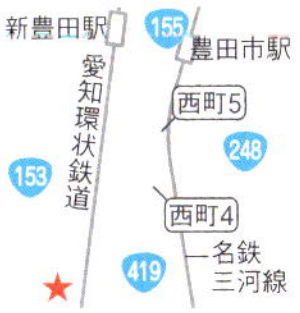

豊田市小坂本町8-5-1

MUSEUM 56

静岡県立美術館

しずおかけんりつびじゅつかん

伊藤若冲
《樹花鳥獣図屏風》
江戸時代（18 世紀後半）

右隻は白象を中心に獅子など動物、左隻は鳳凰を中心に孔雀など鳥づくし。咲き乱れる花々。異国のモチーフをふんだんに散りばめた同館の代表作。

風光明媚な土地で山水画、風景画を愛でる

年間を通じて穏やかな気候で知られる日本平中腹にある美術館です。同館は富士山や駿河湾、伊豆や浜名湖など数々の景勝地に恵まれた静岡の特性をいかし、17世紀以降に制作された風景画を収集しています。その対象は国内外を問わず、ターナーやモネから、池大雅や谷文晁《ぶんちょう》、佐伯祐三まで美の宝石箱のよう。また、富士山を画題とした作品も収集しています。

同館の至宝といえば、伊藤若冲《樹花鳥獣図屏風》。1センチ間隔で線を枡目《ますめ》状に引き、その中を着彩してドット絵のようなスタイルで描かれた日本画。当時の日本では、めったに見られなかった象や、空想上の生き物として知られていた鳳凰など様々な鳥獣で、屏風の中は賑わっています。実のところ、後にも先にも「枡目描き」をする作家は若冲だけで、若冲の「枡目描き」作品も確認されるのは3点のみという貴重なもの。不定期に公開されているので、公式ウェブサイトをチェックです。

ロダン彫刻も目玉

もうひとつの至宝は、《地獄の門》や《考える人》などオーギュスト・ロダンの彫刻32点が並ぶロダン館。ドーム型の明るい館内に、ロダン作品がずらりと並び重厚感にあふれています。ロダンに加え、師であるカリエ＝ベルーズの作品も展示されています。

ちなみに、ロダン館に設置されたモニターでは、ロダンの彫刻ポーズを取り入れた「ロダン体操」の映像が放映されています。体操を試してロダンの作品になりきってみると、ロダンの制作意図が分かってくるかもしれません。

また、美術館から駐車場や最寄り駅へ向かう道には、「彫刻プロムナード」として国内外の作家12点の彫刻作品があります。屋内の彫刻作品と観え方の違いを確かめながら歩いてみてください。

横山大観
《群青富士》 1917 ～ 18 年
近代日本画の大家・大観は富士山を「自己の魂をうつす鏡」としてとらえ多く描いた。

谷 文晁
《富士山図屏風》
1835 年
静岡県の象徴、富士山を描いた作品は、幅広く揃っている。

《考える人》をはじめとした彫刻 32 点を鑑賞できるロダン館。ロダン前後の彫刻もあり、近代彫刻史を概観できる。

DATA

☎ 054 - 263 - 5755
🕒 10：00～17：30 ※展示室の入場は閉館30分前まで
休 月曜（祝日・振り替え休日の場合は翌平日）、年末年始、展示替え期間など
¥ 収蔵品展：一般300円、70歳以上無料ほか ※企画展は展示内容により異なる
🚌 静岡鉄道県立美術館前駅から「しずてつジャストラインバス」県立美術館バス停下車すぐ、JR東海道本線草薙駅からタクシーで5分
🌐 http://spmoa.shizuoka.shizuoka.jp/

静岡市駿河区谷田
53 - 2

COLUMN

あの名画がいつも展示されてはいないワケ
～静岡県立美術館～

美術作品をなかなか観られない問題には、様々な理由があると前コラムで紹介しました。
そこで、今人気沸騰中の伊藤若冲《樹花鳥獣図屏風》を収蔵する
静岡県立美術館の学芸員さんに、目玉作品の展示について伺いました。

名画を後世まで伝えるために

「私たちは、現在の皆様に美術品を楽しんでいただくとともに、100年先の人にも現在と同じ状態で作品を楽しんでいただくように、作品を保存する責任があります」と学芸員の泰井良さんは話します。なので、たとえ人気のある伊藤若冲でも、年間の展示日数に制限を設けています。そもそも作品の材質や展示空間のあり方など、美術品公開には様々な制限があります。

観たい作品は期間を確認しておく

日本では、国宝や重要文化財に指定された美術品には、公開の期間や回数に制限があります。原則として、年間2回以内で公開日数はのべ60日以内（退色や劣化の危険性があるものは30日以内）です。会期の長い展覧会でも、国宝や重要文化財が期間を限定されるのはこのためなのです。つまり、お目当ての作品は観られる時に！　ということなのです。

伊藤若冲《樹花鳥獣図屏風》（一部）はぜひとも実物を間近で観てほしい名画。展示日程は、美術館の公式ウェブサイトで確認できるので要チェック。

～東京国立博物館～（P.41）&
～東京国立近代美術館～（P.52）もあわせて読んでね！

MUSEUM 57

上原美術館

うえはらびじゅつかん

《十一面観世音菩薩立像》
平安時代（10 世紀）

晩唐彫刻の影響下に展開した平安初期彫刻で、和様化への歩みを始める頃の作とされる。

クロード・モネ
《雪中の家とコルサース山》
1895 年

1895 年、義理の息子を訪ねてノルウェーに滞在した時の作品。モネの筆致で白銀の世界を描いている。

一度に仏教美術と近代絵画を堪能

伊豆・下田の地に、2017年11月にリニューアル・オープンしました。仏教館と近代館、2つのギャラリーで構成されている美術館です。

仏教館は大正製薬の故・上原正吉名誉会長と小枝夫妻の寄贈コレクションが元になり、平安・鎌倉時代の仏像や古写経などの仏教美術を展示。大規模リニューアルを終え、最新の鑑賞環境を備えた展示室になりました。

近代館では、同社名誉会長の上原昭二が収集したモネやルノワール、マティス、ピカソといった西洋絵画から、梅原龍三郎、安井曽太郎、横山大観などの日本絵画を展示しています。

また、仏教館では地域の文化財を展示する企画展、近代館では季節ごとの企画展も開催。ひとつの施設で幅広いジャンルの展示が楽しめる美術館です。

DATA

☎ 0558・28・1228
🕘 9：00～17：00　※入館は閉館30分前まで
休 展示替え期間（展覧会会期中は無休）
¥ 一般1000円、高校生以下無料ほか
🚃 伊豆急行線下田駅から「東海バス」相玉バス停より徒歩 15 分
🌐 http://www.uehara-museum.or.jp/

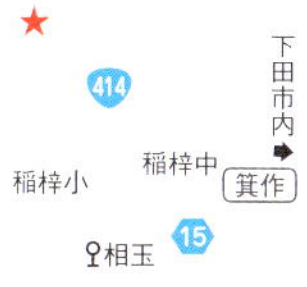

下田市宇土金 341

MOA美術館

えむおーえーびじゅつかん

尾形光琳《紅白梅図屏風》
江戸時代（18 世紀）
光琳の最高傑作とされる本作は国宝に指定されている。画題に合わせて毎年2月頃、梅の開花時期に公開される。

海の見える美術館で珠玉の美に出会う

絵画や書跡、工芸などの日本・東洋の美術を中心に収集・展示している美術館です。創立者の岡田茂吉の理念に基づいて先に建てられた箱根美術館の姉妹館として、１９８２年に開館しました。現在、国宝３点、重要文化財65点を含む約３５００点を収蔵しています。

特に人気は、琳派の最高傑作のひとつとされる、尾形光琳の国宝《紅白梅図屏風》。原則として梅が咲く毎年２月頃に、特別公開されています。

２０１７年にリニューアルした建物も見どころです。設計は現代美術作家の杉本博司と建築家の榊《さかき》田《だ》倫之《ともゆき》が共同主宰する「新素材研究所」。ロビーやカフェ、そして展示スペースに樹齢数百年の行者杉など伝統的な素材を使い、現代的な空間を生み出しています。

新たに設けられた野々村仁清の国宝《色絵藤花文茶壺》のための展示室は、ガラスの映り込みを防ぐため、鑑賞者の背後の壁を黒漆喰で塗り固めるなど、細やかな配慮がなされています。

自然や日本文化の美も

美術館は熱海駅からほど近くの高台にあります。メインロビーや、ヘンリー・ムーアの彫刻が置かれた広場「ムア スクエア」は相模湾を一望できる絶景スポット。また、四季折々で表情を変える広大な庭園は散策が楽しい場所でもあります。春の桜、夏の緑の美しさはもちろん、秋の紅葉も見もの。温暖な気候なため、12月初旬まで紅葉を楽しむことができます。

茶室や茶屋、そば店などがあるほか、尾形光琳自らが京都に設計した「光琳屋敷」を復元し、茶の湯など日本文化を体験できるプログラムも用意されています。

ミュージアムショップでは、人間国宝の手による工芸品も扱っています。美術館だけでなく自然の豊かさ、日本文化の奥深さも堪能できる場所です。

野々村仁清
《色絵藤花文茶壺》江戸時代（17世紀）

巧みなろくろの技術と華麗な上絵付けが特徴。国宝に指定されており、特別の展示ケース「藤壺の間」（写真右）で展示されている。

武将・豊臣秀吉が作ったとされる「黄金の茶室」の復元制作。黄金の茶道具とわび数寄という対照的な美意識が表れている。

DATA

0557-84-2511
9：30〜16：30　※入館は閉館30分前まで
休 木曜（祝日の場合は開館）、年末年始、展示替え期間
¥ 一般1600円ほか
JR東海道本線ほか熱海駅から「伊豆東海バス」MOA美術館バス停下車すぐ、またはタクシーで5分
http://www.moaart.or.jp/

熱海市桃山町26-2

Photo: Masaki Ogawa/Courtesy of MOA Museum of Art

クレマチスの丘

ジュリアーノ・ヴァンジ
《壁をよじ登る男》
1970 年

屋外にある彫刻作品は触ってもよいとのこと。角度によって表情も異なって見えるよう。本作は 360 度鑑賞できるので、ぜひ後ろ側にも回ってみて。Ⓐ

広大な庭園とともに 3つの専門美術館

富士山麓の丘陵地に位置するクレマチスの丘はアートと花、食をテーマにした複合文化施設です。2つのエリアに分かれた広大な敷地内に、3つの美術館と井上靖文学館、カフェやレストラン、そして季節ごとの花が咲く庭園が点在しています。

クレマチスガーデン・エリアはその名の通り、一年中クレマチスなどの花々が咲き誇る「クレマチスガーデン」のあるエリア。現代イタリアを代表する彫刻家、ジュリアーノ・ヴァンジの作品を展示する「ヴァンジ彫刻庭園美術館」や、写真・映像の専門美術館「IZU PHOTO MUSEUM」があります。後者は現代美術家の杉本博司が設計に携わっています。

また、地元の食材をふんだんに取り入れた料理店が複数あり、鑑賞の合間に食事を楽しむことができます。クレマチスガーデン内にはハーブティーも楽しめるガーデナーズハウスもあり、ちょっとした休憩はこちらもおすすめです。

家族みんなで楽しめる

　ビュフェ・エリアには「ベルナール・ビュフェ美術館」。抑えた色彩と黒い描線が特徴の、20世紀フランスで活躍した具象画家、ベルナール・ビュフェの作品約2000点を収蔵・展示しています。スルガ銀行頭取でもあった岡野喜一郎のコレクションを礎に、同施設で最初にできた美術館でもあります。子どもも気軽に親しめる、ビュフェこども美術館も併設されており、家族で楽しめる場所です。

　同エリアには伊豆で幼少期を過ごした井上靖の足跡をたどる井上靖文学館もあります。様々な施設が備わった場所ですから、お気に入りの美術館だけふらりと通うもよし、一日かけて自然や食もたっぷり堪能するもよし、気分に応じた楽しみ方ができる場所です。

ベルナール・ビュフェ
《キリストの受難：笞刑》1951年

この大作展示のために設計された三角形の大展示室に展示されている。「キリストシリーズ」3部作のひとつ。Ⓒ

建物にも作品があるので注意して観てみよう。Ⓐ

立方体、円柱、三角柱を組み合わせたダイナミックな形の美術館（撮影：山本糾）。Ⓒ

IZU PHOTO MUSEUMは企画展中心で、常設作品はない。Ⓑ
©Hiroshi Sugimoto／IZU PHOTO MUSEUM

古屋誠一
《Izu 1978》1978年
©IZU PHOTO MUSEUM Collection
©Seiichi Furuya

静岡県西伊豆に生まれた写真家の古屋は、自ら命を絶った妻と写真を通して向き合う。Ⓑ

Ⓐヴァンジ彫刻庭園美術館
Ⓑ IZU PHOTO MUSEUM
Ⓒベルナール・ビュフェ美術館

DATA

美術館のある庭園は、四季折々の景色が美しい自然たっぷりの場所。飲食店も5つある。

☎ 055・989・8787（総合）
🕒 10：00～16：30（11～1月）、～17：00（2～3、9～10月）、～18：00（4～8月）　※入館は閉館30分前まで
休 水曜（祝日の場合は翌平日）、年末年始
※IZU PHOTO MUSEUMは企画展の開催期間以外は休館
¥ ヴァンジ彫刻庭園美術館：一般1200円（4～10月）ほか・1000円（11～3月）ほか、IZU PHOTO MUSEUM：一般800円ほか、ベルナール・ビュフェ美術館：一般1000円ほか
🚌 JR東海道本線三島駅から「無料シャトルバス」クレマチスの丘バス停下車すぐ
🌐 https://www.clematis-no-oka.co.jp/

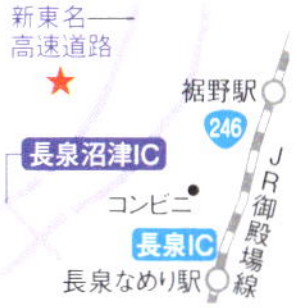

長泉町東野クレマチスの丘347-1

MUSEUM 60

静岡市立芹沢銈介美術館

しずおかしりつせりざわけいすけびじゅつかん

SHIZUOKA・CHUBU

芹沢銈介
《竹波文着物》
1949 年

芹沢が着物からのれん、絵本などの制作に用いた手法が型染（かたぞめ）。渋紙ともち米を主原料とした防染糊を使う日本古来の染色技法。

民藝運動に参加した染色家の多彩な才能を

弥生時代の遺跡として知られる登呂公園内にある同館は、型絵染の技法で人間国宝となった染色家、芹沢銈介の作品、そして彼が世界中から集めた工芸品を展示しています。東京高等工業学校（現・東京工業大学）工業図案科で学び、図案家（デザイナー）として活動していた芹沢。30代の頃に、民藝運動を立ち上げた柳宗悦、そして琉球に古くから伝わる染め物「紅型」に出会ったことがきっかけとなり、染色の道を歩み始めました。

館内には約800点収蔵する彼の作品から、季節やテーマに合わせたものが展示されています。文字や人物から抽象的な模様まで、様々なモチーフが鮮やかに染め上げられた「のれん」や着物のほか、雑誌の挿絵やカレンダー、うちわまで、そのジャンルは多岐にわたっています。

また、美術館の近くには芹沢が暮らしていた大田区蒲田の住宅「芹沢銈介の家」も移築されており、日曜と祝日に公開されています。

世界各地の民藝品も

芹沢には世界各地の工芸品コレクターとしての一面もありました。アジアやヨーロッパ、南北アメリカやアフリカ、オセアニアなどからジャンル、年代、国籍の区別なく、彼がよいと思ったものだけが選ばれています。その数は戦後の収集だけでも6000点に及び、そのうち、美術館には4500点が収蔵されています。芹沢は自らの収集を「もうひとつの創造」と呼んでいましたが、彼が「何を選んだか」「何を好んだか」を見ていくと、彼の作品への理解もさらに深まっていくようです。

そして、建築家の白井晟一《せいいち》が設計し、「石水館」と命名した建物も必見です。公園の自然と調和するように石や水、木などの天然素材が使われ、重厚な雰囲気を醸し出しています。

芹沢銈介
《絵本どんきほうて》
1937年

東京移住後に着手した作品で、スペインの小説『ドン・キホーテ』の主人公を鎌倉時代の武士に置きかえている。

芹沢銈介
《寿の字のれん》 1974年

文字を意匠化することも多かった芹沢の手にかかれば、「寿」の字もこんなにスケール感たっぷりに。

東京・蒲田から移築した「芹沢銈介の家」。美術館開館日の日曜・祝日（8月は土曜も）に公開している。

芹沢は自ら「よい」「美しい」と感じたものだけを世界各地から集めた。写真はタイの「朱漆蛙型容器」。

DATA

☎ 054-282-5522
🕘 9:00～16:30
休 月曜、祝日の翌平日、年末年始、展示替え期間（年3回）
¥ 一般420円、市内在住の70歳以上無料ほか
🚌 JR東海道本線静岡駅から「しずてつジャストライン」登呂遺跡バス停より徒歩4分、またはタクシーで10分
🌐 http://www.seribi.jp/

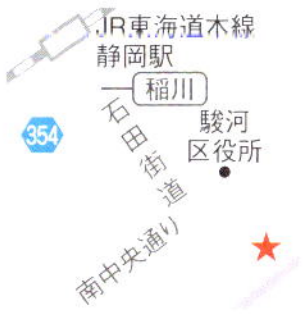

静岡市駿河区登呂5-10-5

三重県立美術館《みえけんりつびじゅつかん》

曾我蕭白《竹林七賢図》（右4面）1764 年頃

「奇想の画家」こと蕭白が伊勢地方を遊歴した際に旧家の永島家の襖に描いたもので、同家では明治期まで実際に使用していたという。

彫刻作品はエントランスにも。大きく印象的な窓からは緑の風景が広がる。

戦後の具象彫刻界を代表する柳原義達の記念館。彫刻と素描を収蔵・展示する。

県に縁のある作家・作品とスペイン美術

津で教員をしていた藤島武二など三重ゆかりの作家作品とともに、明治以降の近代洋画を中心に収集する美術館です。三重県とスペイン・バレンシア州が友好提携を結んでいることから、スペイン美術も収集しています。

そのコレクションの中で近年注目が集まっているのは、《竹林七賢図》をはじめとする曾《そ》我《が》蕭白《しょうはく》による全44面の「旧永島家襖絵」です。蕭白は卓越した画力とダイナミックな構図で「奇想の画家」と呼ばれ、江戸時代に活躍しました。三重県の旧家にあったこの襖絵は彼の技量が詰まった傑作です。

また、裸婦像や鳩の作品で知られる彫刻家、柳原義達の作品を披露する柳原義達記念館は開放感たっぷりの空間。館内のフレンチレストランはフルコースも味わえる本格派です。

DATA

☎ 059-227-2100
🕘 9：30〜17：00　※入館は閉館30分前まで
休 月曜（祝日の場合は翌平日）、年末年始、メンテナンス期間
¥ 常設展示：一般300円ほか　※企画展は展示内容により異なる
🚌 JR紀伊本線ほか・近鉄名古屋線津駅から徒歩10分、または「三重交通バス」美術館前バス停より徒歩１分
🌐 http://www.bunka.pref.mie.lg.jp/art-museum/

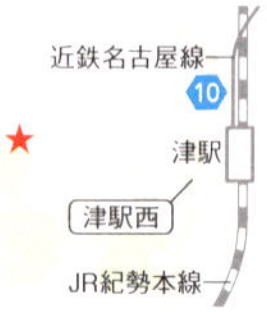

津市大谷町11

KANSAI
関西

CHUGOKU・SHIKOKU
中国・四国

KYUSYU・OKINAWA
九州・沖縄

写真は MIHO MUSEUM 【P.105～107】

MUSEUM 62

佐川美術館

さがわびじゅつかん

平山郁夫
《楼蘭の月／楼蘭の夕／楼蘭の朝（楼蘭遺跡三題）》 1901 年

中国にある楼蘭遺跡の景色を朝、夕、夜と描いたもの。光の変化が見事で、同館の代表作。この作品は比較的、展示されていることが多い。

日本画、彫刻、陶芸 3作家の世界を堪能

比叡山を望む琵琶湖のほとりにある同館は、佐川急便創立40周年記念事業の一環として１９９８年に開館しました。大きな切妻屋根ときらめく水庭が美しい本館では、日本画家の平山郁夫と彫刻家の佐藤忠良、２００７年にオープンした別館では、陶芸家の十五代目樂吉左衛門《らくきちざえもん》の作品を中心に展示しています。

平山郁夫は、自らの被爆体験をきっかけとして、生涯にわたりシルクロードや仏教伝来を画題とした作家。同館では《楼蘭遺跡三題》や《大唐西域画》などの代表作、彼が戦争をテーマに描いた《平和の祈り－サラエボ戦跡－》などを収蔵し、テーマごとに展示替えを行っています。

佐藤忠良は日常生活の中に表れる人間の美を追求し、「帽子シリーズ」など躍動感にあふれる人物のブロンズ像を造り続けました。ちなみに東京美術学校（現・東京藝術大学）彫刻科の同級生には舟越保武がおり、二人は終生のライバルであり親しい友人でした。

茶の湯空間を演出

そして「守破離」をコンセプトとした別館は、樂吉左衛門自らが設計に加わり監修も行ったもの。樂家とは、千利休の理想とする茶碗を初代の長次郎が作陶したことにはじまり、今日まで十五代にわたって続いている名門です。当代吉左衛門は東京藝術大学の彫刻科を卒業し、イタリアへ留学。伝統におもねらず、挑戦を続ける気概を持っています。

葦の茂る水庭に、ゆらゆらと浮かぶように見える茶室は、予約すれば見学も可能。また、水庭の下にある展示室は、天井からそっと光が差し込んでおり、主に2000年以降に造られた現在進行形の樂吉左衛門作品を観ることができます。

どの展示室も作家の監修を受け、作品の魅力を強く引き出す空間となっています。

佐藤忠良
《マーメイド》 1990 年

中庭に面した展示室では、自然光の柔らかい光が彫刻に降り注ぐ。手前の金色の作品は触れられないのでご注意を（次ページ参照）。

平山郁夫
《故城下村民帰牧図》 2002 年

インドの風景を描いたもの。本作は構図を検証する小下図、本画制作の際の大下図も珍しく残されている。

樂吉左衛門自身が設計創案・監修した展示室では、主に 2000 年以降に作陶された焼貫黒樂茶碗や黒樂茶碗、茶入、水指などの作品を展示。写真左の作品は、左から《焼貫黒樂茶碗　飛空作雨聲》、《焼貫水指》《焼貫茶入》。

佐藤忠良
《蝦夷鹿》1971 年

美術館入口に向かう際に、出迎えてくれる水庭の彫刻。札幌オリンピックのために制作されたもの。

樂吉左衞門展示室は水庭の下にある。エントランスでは、杉板型枠のコンクリートに水中の光が投射され、時間ごとに移り変わる光のアートを楽しめる。

現代的な感覚が高く評価された、1970年代の代表的な『帽子シリーズ』。

PICK UP

触って鑑賞!

同館の彫刻は基本的に触れられる。これは作家・佐藤忠良の「作品に触れて鑑賞してほしい」という考えに基づいたもの。ブロンズの質感、人物像の筋肉の張りなど、触ることで新しい発見ができるはず。アクセサリー類は取り外してから優しくなでよう。

パブリック作品であることを念頭に造られたため、来館者にも触ってほしいというのが作家の意向。

DATA

077・585・7800
9：30～17：00　※入館は閉館30分前まで
休 月曜（祝日の場合は翌平日）、年末年始、展示替え期間
¥ 一般1000円ほか
JR湖西線堅田駅から「江若交通バス」佐川美術館バス停下車すぐ、またはタクシーで15分
JR琵琶湖線守山駅から「近江鉄道バス」佐川美術館バス停下車すぐ、またはタクシーで30分
http://www.sagawa-artmuseum.or.jp/

守山市水保町北川
2891

MUSEUM 63

MIHO MUSEUM

みほみゅーじあむ

滋賀

伊藤若冲
《象と鯨図屏風》
1795 年

奇抜さを特色とする若冲作品の中でもほかに例をみない。六曲一双の左右に、勢いよく潮を吹く鯨と高々と鼻をあげた象を対置させた水墨画。

伊藤若冲
《白梅錦鶏図》
（はくばいきんけいず）
江戸時代（18 世紀）

全体的に上品さが漂う若冲の名画。人気の若冲作品は、展示期間が限られているので、公式ウェブサイトを要チェック。

緑深い森に包まれたユートピア美術館

信楽の豊かな自然の中で、桃源郷をモチーフとして創設されました。美術館の創立者は、宗教家の岡田茂吉の教えを受けた小山美秀子《こやまみほこ》です。彼女の茶道具からスタートしたコレクションは40年以上にわたった結果、日本美術全般へと拡大。美術館建設を計画するに当たり、対象は世界の古代美術へと広がりました。

現在、収集品は《鳥獣人物戯画断簡》や中国古代の青銅罇《そん》（かめのこと）、ローマのフレスコ画など約３０００件にものぼります。そのうち２００～３００点が常設展示されています。

また、近年になって同館に収蔵された伊藤若冲の《象と鯨図屏風》も人気作です。この作品は２００８年に、北陸の民家から新発見されたもので、各隻《せき》（屏風の単位）が３メートル近い幅を持つ巨大な屏風です。どっしりとしていて、ユーモラスにも見える鯨と象の姿を描いた屏風は、若冲の代表作のひとつとなっています。

壮大なスケールの建築

広大な美術館を設計したのは、ルーヴル美術館のガラスのピラミッドや、香港の中国銀行などで知られる中国系アメリカ人建築家I・M・ペイ。周囲の自然環境に配慮して、建物の80%以上は地下に埋まっていますが、ガラスを積極的に取り入れた建物は、どの場所も非常に明るい印象です。美術館へ向かうトンネルや吊り橋も彼の設計で作られました。

広大な自然、建物の大きさ、そして美術館へたどり着くまでの距離など、美術館を取り巻く環境すべてがダイナミック。ぜひ、足を運んでみてほしい美術館です。

併設のレストランやカフェは行列ができる人気のお店。農薬や肥料を一切使わない自然農法の食材のみを用いた絶品メニューで心も満たされます。

展示室の構成はちょっと入り組んでいて、見上げると、まるで宝石箱のような形。中国・西域の展示室。

《アルシノエ２世像》 紀元前270～紀元前246年頃

エジプト・プトレマイオス朝のプトレマイオス二世の王妃を、愛と美の女神として神格化した彫刻。

企画展が行われる北館には茶室が設けられていて、茶に関する展示がある時に公開される。

《仏立像》 2世紀後半期

中央アジアのガンダーラ地域のもの。高さ2.5メートルもある大きさで、ダイヤ形の天窓から柔らかい光が差し込む。

館内に入ってすぐ正面に開ける大きな窓。向かって左奥に美術館の建築家ペイが建てたカリヨンも見える。

カフェとレストランは各１店舗。無肥料・無農薬の食材を使った料理を堪能できる。写真は熊倉館長が監修に当たった2017新メニュー「一汁三菜」。季節ごとの食材を用いた素朴な和の御膳で、器ひとつひとつにもこだわっている。

トンネルの先には、深い谷を渡る吊り橋が。新緑の季節は爽快で、夕日の落ちる日没も絶景になる。

駐車場やバス停のあるレセプション棟から美術館までは、徒歩７分ほど。桜並木、トンネル、吊り橋を進んでいく。

PICK UP

美術館までの道

駐車場などのあるレセプション棟から美術館棟へ向かう、約500メートルのアプローチ。金属板が張られたそのトンネルに、山の緑や夕暮れ空の茜色が映り込む時は幻想的な空間になる。桜の季節にはトンネルもピンク色に！ 電気自動車の送迎もある。

DATA

0748-82-3411
10：00～17：00　※入館は閉館1時間前まで
休 月曜（祝日の場合は翌平日）　※春・夏・秋季の季節開館なので、日程の詳細はウェブサイト参照
¥ 一般1100円ほか
JR琵琶湖線石山駅から「帝産湖南交通バス」ミホミュージアムバス停下車すぐ、信楽高原鐵道信楽駅からタクシーで20分
http://miho.jp

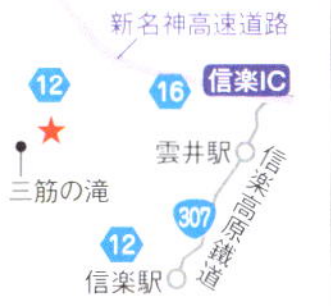

甲賀市信楽町田代桃谷300

滋賀県立近代美術館

しがけんりつきんだいびじゅつかん

速水御舟
《遊魚》1922年

速水は夭折した日本画家。水中で泳ぐセイゴ（スズキの幼魚）を、確かな写生に基づいて描いた名作。

アンリ・マティス
《オセアニア 海》1946年

色紙をハサミで切り抜く「切り紙絵」をモチーフにした、マティス晩年の作品。

地域ゆかり作家のお宝のような名画揃い

びわこ文化公園の文化ゾーンに位置する、自然豊かな環境に囲まれた美術館です。安田靫彦《ゆきひこ》など日本美術院に関連する近代日本画、大津市出身で安田靫彦に師事し、亡くなる105歳まで絵筆を執っていた女流日本画家、小倉遊亀《ゆき》の作品、さらに戦後アメリカの現代美術を中心とした作品などを展示しています。

また、公立美術館の使命のひとつである、地元に縁のある作家の収蔵、研究、展示も活発に行われています。岸竹堂《きしちくどう》はその一人で、幕末から明治にかけて活躍した画家。彦根藩士の家に生まれ、狩野派に学び、虎や桜の絵で高い評価を得ていましたが、サーカスで見た本物の虎に大ショックを受け、画風を大幅に変更。よりリアルな虎を描こうと思い詰めすぎて、ついには入院するまでに！　という逸話が残されているほどの人物です。陰影のつけ方など、西洋画の影響も受けた彼の作品をたっぷり観られるのは、地元の美術館だからこその醍醐味でしょう。

新しい美術館に向けて

2017年現在、美術館は改修・増築工事のため長期休館中です。新しい美術館では、今のコレクションに、滋賀に伝わる仏教・神道美術や、正規の美術教育を受けず、本能や衝動から生まれてきた芸術、アール・ブリュットの作品群が加わります。また、建物中心部には「神と仏の美」、「小倉遊亀」、「アール・ブリュット」の3つの常設展示室が設置される予定。企画展示室も2室から4室に倍増するほか、大型作品の展示にも対応します。

この新しい建物の設計を担当するのは、金沢21世紀美術館や、フランスの地方都市ランスに完成したルーヴル美術館の分館「ルーヴルランス」などを手がけてきたSANAA。2020年以降の再オープンに、すでに多くの期待が寄せられています。

菱田春草《雪の山》1909年頃
雪に覆われた山岳図を、輪郭線を描かない没骨（もっこつ）法で手がけた作品。

岸竹堂《虎図》1891年
彦根生まれの画家で、鳥獣、とりわけ虎図を得意とした。京都画派の伝統を踏まえつつ、洋画の写実性をとり入れた作風。

野口謙蔵《五月の風景》1934年
滋賀県出身の洋画家で、故郷の蒲生野を描き続けた。本作は画風が変わる過度期に描かれた。

DATA

リニューアル準備休館中のため、
来館情報は下記ウェブサイトをご確認ください。

077-521-2111
JR琵琶湖線瀬田駅から「帝産湖南交通バス」「近江バス」文化ゾーン前バス停より徒歩5分
http://www.shiga-kinbi.jp/

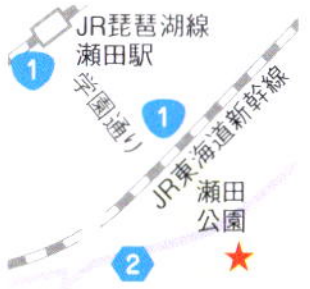

大津市瀬田南大萱町1740-1

MUSEUM 65

アサヒビール 大山崎山荘美術館

あさひびーる おおやまざきさんそうびじゅつかん

《ドイツ 塩釉髭徳利》
（えんゆうひげどっくり）
18〜19 世紀

首部分に髭の男の顔が付いたユニークな酒瓶。ドイツの窯で制作され日本に運ばれた。

クロード・モネ
《睡蓮》 1907 年

印象派の代表画家による名作。地下に設けられた「地中の宝石箱」には、モネを中心とした印象派の名画が並ぶ(p.132〜133 参照)。

建物のレトロな雰囲気にぴったりなステンドグラス。光の具合によって見え方も変わる。

天王山の南麓に立つ元別荘

千利休が茶室「待庵《たいあん》」を開いた、清らかな水が流れる地にあります。ニッカウヰスキーの創業に参画した実業家、加賀正太郎の別荘「大山崎山荘」を元に生まれた美術館です。現在は、ここを本館として、安藤忠雄設計の地中館「地中の宝石箱」、企画展用の山手館「夢の箱」の3館で構成されています。

本館に並ぶのは、朝日麦酒（現アサヒビール）初代社長、山本爲三郎《ためさぶろう》が集めた河井寛次郎や濱田庄司をはじめとする民藝運動の作品群。作りつけの家具やステンドグラスも美しく、古きよき時代を忍ばせる空間。半地下構造になっている地中館には、モネの《睡蓮》連作などが展示されています。本館2階カフェのテラス席からは木津川、宇治川、桂川の3つの川が流れる雄大な景色を眺められます。

DATA

☎ 075-957-3123
🕒 10：00〜17：00　※入館は閉館30分前まで
休 月曜（祝日の場合は翌平日）、年末年始、臨時休館日
¥ 一般900円ほか
🚌 JR東海道本線山崎駅、阪急京都線大山崎駅から徒歩10分
🌐 http://www.asahibeer-oyamazaki.com/

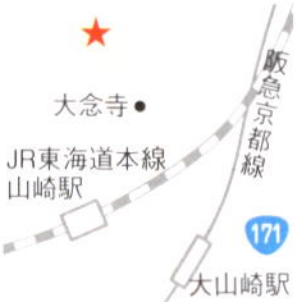

乙訓郡大山崎町銭原
5-3

京都国立博物館

きょうとこくりつはくぶつかん

大岡春卜（しゅんぼく）
《四季草花図屏風》（左隻）江戸時代

大岡は大阪出身の狩野派の絵師で、絵本の挿絵などを得意とし、大阪画壇を支えた。多くの後進を育てたが、その一人が伊藤若冲だといわれている。

《帆掛船蒔絵螺鈿重箱》江戸時代

大阪府貝塚市の旧商家・廣海家の蔵に眠っていた膨大なコレクションのひとつ。

館外には東と西に庭園が広がる。日本の石仏や礎石、石の橋脚などが展示されている。

京都に伝わる文化財の宝庫

東京国立博物館（P38）と同じく日本・東洋美術全般を展示しています。近隣の寺社や個人からの寄託品が多く、同館所有の国宝が28件に対し、寄託品の国宝はなんと86件（2017年3月現在）。歴史の長い京都ならではです。

同館南門から入り右手に見えるのが、重厚なムードの明治古都館（旧本館）。片山東熊《とうくま》設計のこの建物は、主に特別展の会場。2015年から、免震工事準備のため休館中です。

この明治古都館に隣接するのが、2013年に竣工した谷口吉生設計の平成知新館です。通常は平常展示が行われますが、明治古都館休館中の現在は、特別展をこちらで開催しています。平常展示は特別展期間以外の夏と冬に開催。訪れる前にスケジュールをしっかり確認しておきましょう。

DATA

☎ 075-525-2473（テレホンサービス）
🕒 火～木・日曜9：30～17：00、金・土曜～20：00、特別展開催中のみ火・水・木・日曜～18：00（庭園のみ開館の場合は9：30～17：00） ※入館は閉館30分前まで
休 月曜（祝日の場合は翌平日）、年末年始
¥ 一般520円、70歳以上無料ほか ※特別展は別途料金
🚌 京阪本線七条駅から徒歩7分、JR東海道新幹線ほか京都駅から「京都市営バス」博物館・三十三間堂前バス停下車すぐ
🌐 http://www.kyohaku.go.jp/

京都市東山区茶屋町527

※上記2作品は2018年3月18日まで開催の「豪商の蔵―美しい暮らしの遺産―」で展示中

上村松園《舞仕度》1914年

明治～昭和期に活躍した京都画壇の巨匠。着物の線一本一本まで描き出すような清らかで繊細な人物画に長けていた。

MUSEUM 67

京都国立近代美術館

きょうとこくりつきんだいびじゅつかん

京都、関西に縁のある作家、近代絵画を展望

平安神宮近くの岡崎公園内にある同館は、国内外の近代以降の絵画や版画などを収集・保管しています。東京国立近代美術館との違いは、京都や関西にあることを意識した収蔵・研究を行っている点。

日本の近代化は、芸術も含めて東京を中心に考えられがちです。けれども、平安時代から続く文化と伝統を持ち、そして江戸に次いで絵師が多かった京都では、芸術家たちの考え方は東京とは異なり、「京都画壇」という言葉が生まれるほど独自に発展していました。同館では、この京都、そして関西が持つ芸術の地域性も視野に入れつつ、日本及び世界の近代美術史の全体的な流れを展望するコレクションを形成しています。

4階のコレクション展示室では、ピカソやマティスなどの海外作家とともに、日本画では竹内栖鳳《せいほう》や上村松園《しょうえん》、土田麦僊《ばくせん》など、洋画では梅原龍三郎や安井曽太郎など関西にゆかりのある作家・作品を鑑賞できます（展示替えあり）。

ロビーやカフェでひと息

　現在の美術館は1986年に竣工したもので、代官山ヒルサイドテラス、青山のスパイラルビルなどを手がけた槇《まき》文彦が設計しました。館内に入ると、まず目に飛び込んでくるのは、大きな吹き抜けとそれを取り囲む長い階段が生みだすモダンな空間。その奥にあるロビーの大きなガラス窓からは、柔らかい日差しが差し込み、のんびりと寛げる場所になっています。併設のカフェ「café de 505」もまた琵琶湖疏水の流れを眺められる、心地よい場所。春は満開の桜をテラス席から眺められます。1階にはショップもあります。

　同館のある京都の岡崎地区は、寺社だけでなく、様々な規模の美術館・ギャラリーが多いアートエリアです。ぜひ数々の美をめぐる京都旅を体験してみてください。

生パスタがおいしいカフェ。晴れた日は琵琶湖疏水に面したオープンテラスがおすすめ！ 撮影：山崎純敬

ロビーの壁面には、イギリスの現代美術家リチャード・ロングの作品がある。撮影：河田憲政

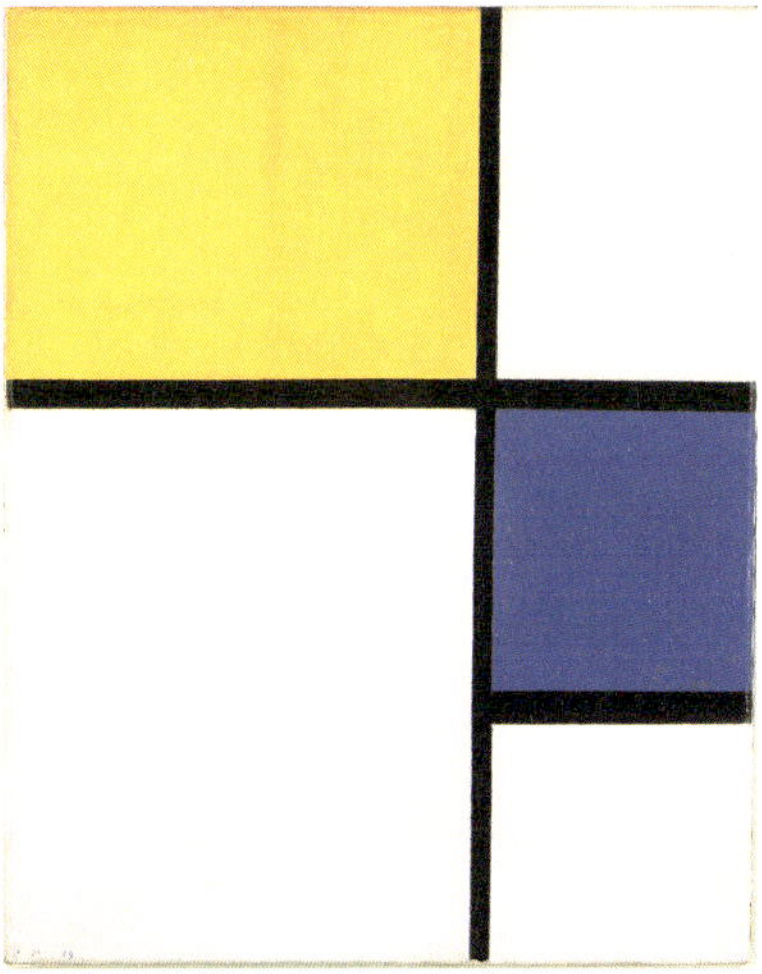

ピエト・モンドリアン
《コンポジション No.1》
1929年

モンドリアンはオランダの画家。水平や垂直の直線と三原色から構成される「コンポジション」の作風で知られる。

DATA

撮影：浅野豪
夜間開館日の17時以降、コレクション展観覧料が割り引きに。

☎ 075-761-4111
🕘 9：30～17：00　金・土曜～20：00
※入館は閉館30分前まで
休 月曜（祝日の場合は翌平日）、年末年始、展示替え期間
¥ コレクション展：一般430円、65歳以上無料ほか
※企画展は展示内容により異なる
🚃 京都市営地下鉄東西線東山駅から徒歩10分
🌐 http://www.momak.go.jp/

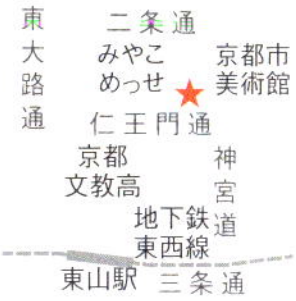

京都市左京区岡崎円勝寺町26-1

MUSEUM 68

国立民族学博物館

こくりつみんぞくがくはくぶつかん

世界各地の民族衣装は同館ならではのコレクションを誇る。写真右はアメリカ大陸、下はビーズ製のアフリカの婚礼衣装。

様々な神様の造形も、お面や祭礼用具まで一堂に集う。写真左はインド東部のヒンドゥー教のバララーマ神、スバドラー神、ジャガンナート神。下はバリ島の聖獣バロンと魔女ランダ。

世界各地のあらゆるものをコレクション！

通称「みんぱく」で親しまれている同館では、いわゆる芸術品は飾っていません。けれども、美術館を好きな人はぜひ一度ならず、二度三度と訪れてもらいたい場所です。なぜなら、美術の観方、考え方が変わる場所だから。

みんぱくは世界最大級の博物館と、大学院教育の機能を備えた文化人類学・民族学の研究所。民族学者の梅棹忠夫《うめさおただお》を初代館長に1977年開館しました。研究者が世界各地で収集した楽器や民族衣装、お店の看板に儀礼道具など、あらゆるものが9つの地域展示と音楽・言語の2つの通文化展示に並びます。展示数なんと1万2000点以上！

展示をたどっていくと、どの国どの地域でも「よりよいものにしよう」という意識を持った人たちがいて、道具を改良したり、装飾を施したりしていることが分かります。そのことを感じた上で、改めてほかの美術館で作品を見てみると、作品を通して作家の意識も見えてくるようになります。

同館の展示はほぼすべて （一部例外あり）

食で異文化体験も

建物を設計したのは黒川紀章。正面ホールの階段を上がった先、ガラスの向こう側に、ゲームに登場する迷宮のような空間が現れます。この中央パティオは「未来の遺跡」と名づけられ、越前焼の大壺と深鉢が置かれています。このパティオを囲むように設置されているのが、カプセル型のビデオテークブース。研究者らが作成した、現地の記録映像などを閲覧できます。ブースのデザインが、昔のSF映画に出てきたようなスタイルで、とてもかっこいい！

併設「レストラン みんぱく」もぜひ足を運んでみて。ガパオやカオマンガイなど本格エスニックメニューが充実。特別展開催時には普段あまり見かけない珍しい特別メニューも味わえます。食を通してより深い異文化に触れられます。

各地域の色々な食器は実用的かつ美しい。写真上はウズベキスタン、右は18～19世紀産業革命後のヨーロッパのもの。

なんとアフリカ版キオスク（写真右）や、ガーナの写真屋の背景画までコレクションに！

「音楽」「言語」はひとつのカテゴリーとして展示場がある。ギターの変遷（写真右）や打楽器の多様性（写真下）など観ていて飽きない。

「躍動する南アジア」展示。街中のタクシーや自転車、アクセサリーから、神像や祭礼の山車まで、アジアの活気ある賑わいが聞こえてきそう。

中庭は「未来の遺跡」。越前焼の大壺と深鉢が置かれている。近未来のような古代遺跡のような不思議な空間だ。

本館展示はオセアニアに始まり世界中を旅して、最後に日本にたどり着く。色鮮やかな大漁旗が天井に舞う。

「これってアートなの?」と、入口付近に置かれた展示。美術館と博物館の展示に関する疑問を投げかけて、理解へのヒントを与えてくれる。

まるで宇宙船のようなフォルムのビデオテークブース。貴重な動画も大切な博物館資料だ。

PICK UP

無料ゾーンも面白い!

展示入口には「導入展示」とでもいうべき鑑賞のヒントが。例えば、著名デザイナーによる椅子とアフリカ製の椅子を並べて、その上に「道具？ アート？」と問いかけるプレート。物は観る人次第でアートにも、日常の道具にもなりうると示唆。

DATA

06-6876-2151
10：00～17：00　※入館は閉館30分前まで
休 水曜（祝日の場合は翌平日）、年末年始
¥ 本館展示：一般420円ほか
※特別展は展示内容により異なる
阪急茨木市駅・JR京都線茨木駅からバスで万博記念公園駅（エキスポシティ前）、または日本庭園前バス停より徒歩13分、大阪モノレール線万博記念公園駅、または公園東口駅から徒歩15分
http://www.minpaku.ac.jp/

吹田市千里万博公園10-1

国立国際美術館

こくりつこくさいびじゅつかん

ロバート・ラウシェンバーグ
《至点》1968年
(c) Robert Rauschenberg Foundation
提供：
NTT InterCommunication Center [ICC]

ネオダダの代表的な作家として活躍したアメリカの作家の作品で、特別展「トラベラー：まだ見ぬ地を踏むために」(2018年5月6日まで開催) で展示中。

館内の吹き抜けでは、ジョアン・ミロの陶板画《無垢の笑い》やアレクサンダー・コールダー《ロンドン》を観ることができる。

リバーサイドで現代アート

大阪万博の時に建設された万国博美術館を再整備し、1977年に開館。主に第二次世界大戦以降の国内外の現代芸術を収集・展示しています。2004年より現在の立地、大阪市の中心部である中之島に移転しました。

エントランス以外は地下に設けられています。この建物はシーザー・ペリの設計。地上部のステンレス製モニュメントは、竹の生命力と現代美術の発展・成長をイメージしています。

収蔵品8000点を常に鑑賞できる展示はありませんが、地下1階パブリックスペースから自由に鑑賞できる作品もあります。大阪万博のために作られ同館最初の収蔵品となったジョアン・ミロの陶板画《無垢の笑い》、アレクサンダー・コールダー《ロンドン》のほか、高松次郎などの作品です。

DATA

☎ 06-6447-4680
10：00～17：00、金・土曜～20：00
※入場は閉館30分前まで
休 月曜（祝日の場合は翌日）、年末年始、展示替え期間
¥ コレクション展：一般430円、65歳以上無料ほか、金・土曜の17時以降は250円　※特別展・共催展は展示内容により異なる
京阪電気鉄道中之島線渡辺橋駅から徒歩5分、大阪市営地下鉄四つ橋線肥後橋駅から徒歩10分
http://www.nmao.go.jp/

大阪市北区中之島4-2-55

堺 アルフォンス・ミュシャ館（堺市立文化館）

さかい あるふぉんす・みゅしゃかん
（さかいしりつぶんかかん）

アルフォンス・ミュシャ
《ラ・ナチュール》
1899～1900年

宝石のアメジストが効果的にあしらわれたブロンズ彫刻。ミュシャのデザインで、世界で5点しか現存しないオリジナルのうち1作。

アルフォンス・ミュシャ
《ジスモンダ》
1895年

一夜にしてミュシャの名をとどろかせた演劇ポスターの第1作（リトグラフ・紙）。伝説の女優サラ・ベルナールの舞台公演のポスターだった。

アルフォンス・ミュシャ
《ウミロフ・ミラー》1903～04年

中央の鏡をぐるりと囲む不思議な形のキャンバスに描かれた油彩画。

代表作から珍しい彫刻、工芸まで

アール・ヌーヴォーを代表する画家、ミュシャのデビュー当時のポスターから、画業後半の絵画作品まで、ミュシャとその関連作家の作品を約500点を収蔵しています。アール・ヌーヴォーは19世紀末から20世紀初頭にかけて隆盛を極めた芸術様式です。

大手カメラ量販店の創業者で実業家の土居君雄は、ミュシャに魅せられ収集活動を開始。彼の「ドイ・コレクション」が、新婚時に暮らしていた堺市に、一括寄贈されました。

ミュシャが描く、しなやかな曲線の装飾や美しい色彩、優美な女性像は、現在も世界を席巻しています。年3回開催している企画展では、様々なテーマを設けて、絵画はもとより彫刻や宝飾品、素描まで幅広いミュシャの創作活動を紹介しています。

DATA

☎ 072-222-5533
9：30～17：15　※入館は閉館45分前まで
休 月曜（祝日の場合は翌日、祝日の翌日が土・日曜、祝日の場合は開館）、年末年始、展示替え期間
¥ 一般500円、65歳以上無料ほか
※企画展の展示内容により異なる場合あり
JR阪和線堺市駅から徒歩3分
http://mucha.sakai-bunshin.com

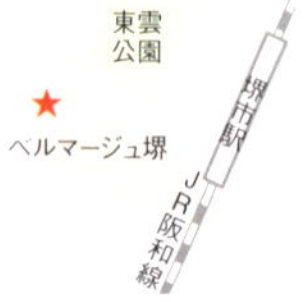

堺市堺区田出井町1-2-200 ベルマージュ堺弐番館2～4階

中之島 香雪美術館

なかのしまこうせつびじゅつかん

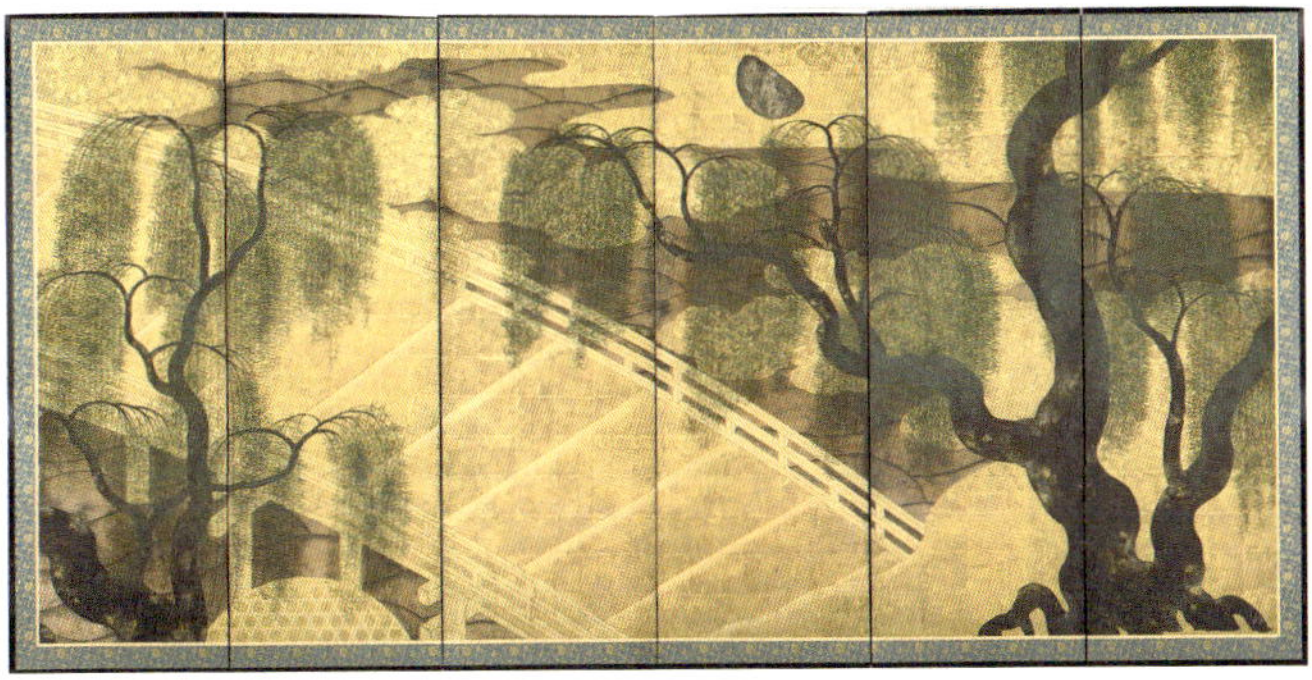

長谷川等伯《柳橋水車図屏風》（右隻）
桃山〜江戸時代

狩野永徳を恐れさせた天才絵師・等伯。本作は宇治橋にしなだれかかる柳、宇治川の流れと水車、半月と、長谷川派で好まれた画題を描いた優作。

《美濃 志野鉄絵松籬文水指》
桃山時代

志野は桃山時代を飾る茶陶のひとつで、とりわけ水指は優品として名高い。

旧村山家住宅にある、茅葺屋根の茶室「玄庵」を丸ごと館内に再現。

屈指の東洋古美術を大阪でも

2018年3月21日に、中之島フェスティバルタワー・ウエストにオープンする同館は、神戸市の高級住宅街、御影《みかげ》にある香雪美術館の分館です。香雪美術館は朝日新聞の創業者で、茶人としても活躍した村山龍平が収集した日本と東洋の古い時代の美術品を展示する館。重要文化財19点、重要美術品22点を含む収蔵品は武具から仏教美術、茶道具など多岐にわたります。ちなみに、香雪とは村山の号です。

初年度は村山コレクションが5期にわたって展示されます。本館敷地内にある重要文化財の茶室「玄庵《げんなん》」は一棟丸ごと再現。見ものです。また、村山の生涯を紹介する記念室も常設されます。ビジネス街の中心地に生まれる美術館は、新しい憩いの場としても期待が集まっています。

DATA

∴開館は2018年3月21日予定

☎ 06・6210・3633
🕒 10：00〜17：00 ∴入館は閉館30分前まで
休 月曜（祝日の場合は翌平日）、展示替え期間
¥ 一般900円ほか
🚃 京阪電鉄中之島線渡辺橋駅、大阪市営地下鉄四つ橋線肥後橋駅から直結
🌐 http://www.kosetsu-museum.or.jp/nakanoshima/

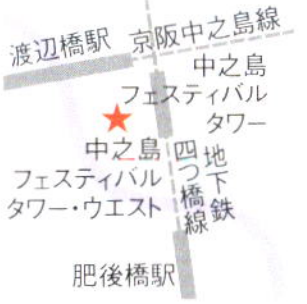

大阪市北区中之島3・2・4 中之島フェスティバルタワー・ウエスト4階

ジェームズ・アンソール《キリストの誘惑》1913 年

「仮面と骸骨の画家」として知られるベルギー生まれの画家アンソール。本作は悪魔の誘惑をキリストが退ける場面を描いたもの。

MUSEUM 72

伊丹市立美術館《いたみしりつびじゅつかん》

18世紀から現代までの風刺画をコレクション

「風刺とユーモア」というユニークなコンセプトで収集・展示を行っている同館。中核は、19世紀フランスを代表する作家、オノレ・ドーミエの作品群です。実業家で日本屈指のコレクターだった安宅英一のコレクションが母胎となっており、現在は2000点を越える作品が収蔵されています。そして、ウイリアム・ホガースやジェイムズ・ギルレイらが活躍した18世紀イギリスから、明治維新後に漫画雑誌ブームを巻き起こした宮武外骨や北澤楽天らまで、国内外の風刺画も系統立てて収集を行っています。

　また、風刺画ではないものの、時代の空気をつぶさに読み取り、描き続けたオットー・ディックスやマックス・ペヒシュタインなどの20世紀ドイツ美術も充実しています。

　ちなみに、安宅英一が所有していた大量のコレクションのうち、陶磁器は大阪市立東洋陶磁美術館で、ルドンの作品は三重県立美術館でそれぞれ観ることができます。

風情ある町並みも堪能

清酒の作り方をいち早く発見した伊丹という土地は、江戸時代から現在に至るまで「酒の町」として栄えていました。美術館があるのは当時の町の中心部。

現存では日本最古の酒蔵を有する旧岡田家住宅（重要文化財）、旧石橋家住宅など旧家のほか、俳書や俳画を展示する柿衞《かきもり》文庫なども並び、この一帯は「みやのまえ文化の郷」と呼ばれて、散策が楽しいエリアです。

そして、美術館やほかの施設をつなぐように配置されているのが、日本を代表する作庭家、重森完途による日本庭園です。父親の重森三玲《みれい》に学び、独自の世界を構築した彼の庭園は、中央に伊丹の清流を表す白砂が流れ、リズミカルに飛び石も配置された、伝統的ながらモダンな雰囲気の庭です。

兵庫

オノレ・ドーミエ
《ドン・キホーテとサンチョ・パンサ》
1850～52年

写実主義の画家ドーミエは持ち前の描写力で19世紀パリを描き、諷刺画家として人気を博した。

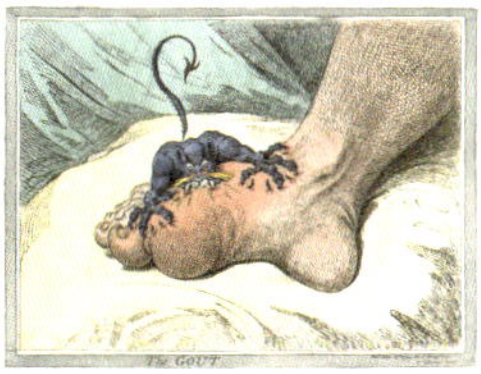

ジェイムズ・ギルレイ
《プラム・プディング、危うし？ または？ 夜食をとる国家的グルメ》
1805年
《痛風》（写真左）1799年

18～19世紀にかけ活躍したイギリス初の職業諷刺画家。当時の世界情勢や社会を鋭い切り口で描いた。

DATA

072-772-7447
10：00～18：00　※入館は閉館30分前まで
休 月曜（祝日の場合は翌平日）、年末年始、展示替え期間
¥ 展示内容により異なる
JR福知山線伊丹駅から徒歩6分、阪急電鉄伊丹線伊丹駅から徒歩9分
http://www.artmuseum-itami.jp/

伊丹市宮ノ前2-5-20

MUSEUM 73

神戸ファッション美術館《こうべふぁっしょんびじゅつかん》

18世紀から現在までの西洋服飾史を、実際にマネキンに着せた状態で時系列に沿って紹介するベーシック展示。華麗な宮廷衣装だけではなく、現代ファッション、民族衣装などもある。

フランスの英雄、ナポレオンの戴冠式を描いた有名な絵画の衣装を実物大で再現。西欧王族の儀礼衣装の典型として現在まで使われているという。

展示は衣装に限らず、関連する書籍、写真などと幅広く、服飾史を概観できる内容。

「衣」を切り口にした公立美術館

服飾関連の会社や施設の多い六甲アイランドにある、公立としては初めてのファッションをテーマにした美術館です。ナポレオン1世と皇后ジョゼフィーヌの戴冠式用大儀礼服などから、現代のモード服、世界70か国以上の民族衣装まで、様々な服飾資料を収蔵。それらは「ベーシック展示」において、テーマごとに展示されています。マネキンが衣装を身にまとい、ずらりと並んで展示される光景は壮観！ 布の質感や手仕事の細かさなど、近づいてじっくり観察できます。

そして20世紀初頭からのファッション雑誌も含め、4万冊の蔵書を誇るライブラリーも、ファッション好きなら必見。50～70年代の『ELLE』や『VOGUE』など、今ではめったに読めない雑誌も気軽に眺められます。

DATA

☎ 078-858-0050
🕒 10：00～18：00　※入館は閉館30分前まで
休 月曜（祝日の場合は翌平日）、年末年始、展示替え期間
¥ 一般500円ほか
🚉 神戸新交通六甲アイランド線アイランドセンター駅から徒歩1分
🌐 http://www.fashionmuseum.or.jp/

神戸市東灘区向洋町中2-9-1

MUSEUM 74

奈良国立博物館

ならこくりつはくぶつかん

《鳳凰文ユウ》
商末周初期
（紀元前11～紀元前10世紀）

青銅器館を代表する青銅器。美術的にすぐれた装飾性で人気が高い。ほかに楽器、武器、農工具、文具類などが展示される。

なら仏像館では、国宝・重要文化財を含む100体ほどの仏像が展示されている。

明治中期建設の本格的な洋風建築である、なら仏像館。玄関周りの装飾が見事。

古都で味わう仏教美術

仏教伝来の地にある同館。仏像や仏画など仏教美術の収蔵品数は日本随一です。1894年に完成した片山東熊設計の「なら仏像館」（重要文化財）では飛鳥時代から鎌倉時代、そして東洋の仏像を常時100体以上展示。吉村順三設計の「西新館」では絵画や書跡、工芸品などを、そして「青銅器館」では、古美術店・不言堂の創設者、坂本五郎が収集・寄贈した中国古代の青銅器を展示しています。特別展も年数回「東新館」で開催されています。

また、毎年秋に開催される「正倉院展」では、シルクロードを通って日本にもたらされた正倉院の秘宝が展示されます。「一度出陳《しゅっちん》した宝物は、その後10年は再出陳しない」という慣習があるため、日本各地から多くの人が訪れる人気の展覧会となっています。

DATA

特別展の開催される新館。

☎ 050-5542-8600（ハローダイヤル）
🕘 9：30～17：00　※入館は閉館30分前まで
休 月曜（祝日の場合は翌平日、連休の場合は終了後の翌平日）、1月1日、臨時休館日
¥ 名品展：一般520円、70歳以上無料ほか
※特別展・共催展は展示内容により異なる
🚌 近畿日本鉄道奈良駅から徒歩15分、近畿日本鉄道奈良駅・JR奈良線ほか奈良駅から「奈良交通バス」氷室神社・国立博物館バス停下車すぐ
🌐 http://www.narahaku.go.jp/

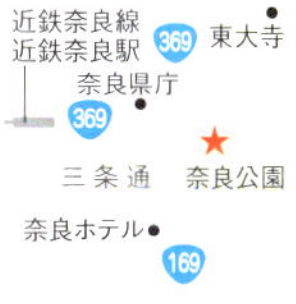

奈良市登大路町50

大和文華館

やまとぶんかかん

雪村周継
《呂洞賓図》
室町時代

道教の仙人で民衆に愛された呂洞賓を、躍動感たっぷりに描いた水墨画。足下の龍はつぶらな瞳が印象的。

世界的な美術史家の目が選んだコレクション

大阪のあべのハルカス美術館、奈良の松伯美術館、そして同館と3つの美術館を運営する近鉄グループホールディングスが1960年に創設した最初の美術館です。美術館開館の音頭をとったのは、同社五代目社長の種田《おいた》虎雄。京都と奈良、伊勢など歴史ある地域同士を結ぶ鉄道会社の使命として、種田は日本美術の素晴らしさを発信できる施設を作ることを計画。国内外で活躍していた美術史家、矢代幸雄の協力を仰ぎました。

矢代はイギリス、イタリアでルネサンス美術とボッティチェルリの研究を行い、帰国後は東洋美術へ転じ、東西双方の価値観を理解する世界的にも著名な研究者。彼が持つ広い視野により、美術館のコンセプトが固められ、開館までに14年の年月をかけてコレクションが構築されていきました。個人的な好みではなく、学問的に系統立てて、収集された日本、中国、朝鮮を中心とした古美術品は、企画展において順次公開されています。

伝統美の光る建築

開館50年を経て、当初約700件だった所蔵品は、現在は2000件超に成長。《婦女遊楽図屏風（松浦屏風）》など国宝4件、重要文化財31件を含んでいます。

この収蔵品を展示するのは、吉田五十八《いそや》設計の建物。モダニズムに傾倒してヨーロッパにおもむくものの、ルネサンス建築、ゴシック建築に感銘を受けた吉田は、帰国後、日本の伝統建築のあり方に着目。数寄屋《すきや》造《づくり》の近代化を試みるようになりました。同館の建物も、桃山時代の建物を彷彿《ほうふつ》とさせるなまこ壁や、展示室中央に設えられた中庭など、伝統を取り入れた設計となっています。

また、展示室周辺は「文華苑」と名づけられた美しい自然の園。アジサイや梅、ササユリが美しく、帰り道の散策が楽しい小路です。

《一字蓮台法華経（普賢菩薩勧発品）》平安時代

金銀の切箔や砂子を散らした美しい料紙に、『法華経』の「普賢菩薩勧発品」を書写した。国宝。

尾形光琳《扇面貼交手筥》江戸時代

手筥の全面に金箔を敷き、扇面面八面と団扇画四面を貼った華麗な作品。重要文化財。

展示室中央に設けられた坪庭「竹の庭」が、静かな鑑賞環境を演出。

DATA

0742-45-0544
10：00〜17：00　※入館は閉館1時間前まで
休 月曜（祝日の場合は翌平日）
¥ 平常展・特別企画展：一般620円ほか、特別展：一般930円ほか
近畿日本鉄道奈良線学園前駅から徒歩7分
http://www.kintetsu-g-hd.co.jp/culture/yamato/

奈良市学園南1-11-6

MUSEUM 76

入江泰吉記念奈良市写真美術館

いりえたいきちきねんならししゃしんびじゅつかん

KANSAI

入江泰吉《斑鳩の里落陽（法隆寺塔）》1980年頃

鮮やかな夕景に奈良・法隆寺の塔のシルエットが映える代表作。入江は自分のイメージ通りの写真が撮れるまで、何度でも何年でも同じ場所に通ったという。

入江泰吉
《春めく二月堂裏参道》
1979年

奈良東大寺の二月堂に続く石の参道を写した1枚。情緒あふれる春の古都を収めた。

1階サンクガーデン（写真右）の下に展示室がある。写真左は地階への階段にある陶壁「華精」。入江の友人で画家の杉本健吉による常滑焼。

奈良大和路を撮り続けた写真家

戦後から約50年にわたり奈良大和路や仏像の美を追求した写真家、入江泰吉。彼の約8万点に及ぶ作品に加え、奈良に関する写真作品も収蔵する、西日本初の写真専門美術館です。

東大寺の旧境内で生まれた入江は、戦前は大阪で写真家として活動してきましたが、戦災により帰郷。そこで小さい頃から慣れ親しんでいた奈良の風景、仏像の美しさを再発見し、以降生涯にわたって撮り続けました。

古寺の多い環境に配慮し、調和を重んじて設計された、大きく黒い瓦屋根が特徴の建物は黒川紀章の設計。そのシンプルな外観とはうらはらに宇宙船のようなメタリックな天井、うねる手すりが取りつけられた階段など、内装はインパクト大。そのギャップもまた見どころのひとつです。

DATA

☎ 0742-22-9811
🕘 9：30〜17：00　※入館は閉館30分前まで
休 月曜（祝日の場合は翌平日）、祝日の翌平日（その日が平日の場合）、年末年始、展示替え期間
¥ 一般500円、市在住70歳以上無料ほか
🚌 JR奈良線ほか・近鉄奈良駅から「奈良交通バス」破石町バス停より徒歩10分
🌐 http://irietaikichi.jp/

奈良市高畑町600-1

77

和歌山県立近代美術館

わかやまけんりつきんだいびじゅつかん

佐伯祐三
《オプセルヴァトワール附近》
1927 年

佐伯は 1924 年に渡仏した洋画家。パリの店先やポスターなどをモチーフにパリの風景を多く描いた。作品名オプセルヴァトワールはパリ天文台のこと。

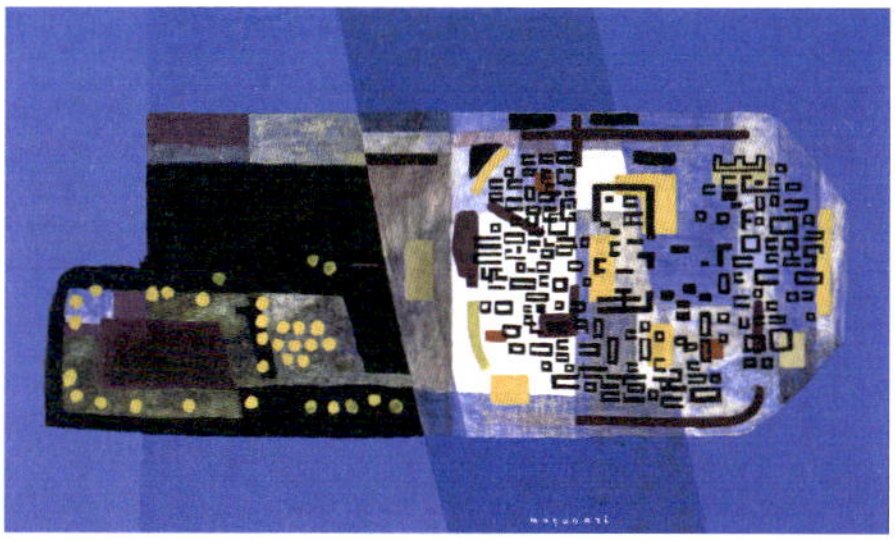

村井正誠
《URBAIN No.1》
1936 年

村井は岐阜県生まれで、和歌山県新宮市で育ち、モンドリアンらの抽象芸術に刺激を受けた画家。

県ゆかりの版画コレクションに注目

和歌山城近くの場所にある同館は、連なる大きな庇《ひさし》が目印。数々の美術館を手がけた黒川紀章の設計です。

村井正誠《まさなり》や川口軌外《きがい》をはじめとする和歌山ゆかりの作家が収蔵品の核ですが、その中でも恩地孝四郎など、特に版画界に和歌山と関わりを持つ作家が多いことから、国内外の近現代版画の収集・展示に力を入れています。

同館は、かつて版画専門のビエンナーレを主宰していたこともありました。加えて、戦後関西で起きた前衛芸術運動に関する作家作品の収集も活発に行われています。そのほか、地元医師からの寄贈である「玉井一郎コレクション」も見どころ。佐伯祐三の油彩画13点や瑛九の版画作品239点などを含む、全277点の膨大で貴重なコレクションです。

DATA

☎ 073-436-8690
9：30〜17：00　※入館は閉館30分前まで
休 月曜（祝日・振り替え休日の場合は翌平日）、年末年始、展示替え期間
¥ 常設展：一般340円、65歳以上無料ほか
※企画展は展示内容により異なる
JR紀勢本線ほか和歌山駅・南海電気鉄道和歌山市駅から「和歌山バス」県庁前バス停より徒歩２分
http://www.momaw.jp/

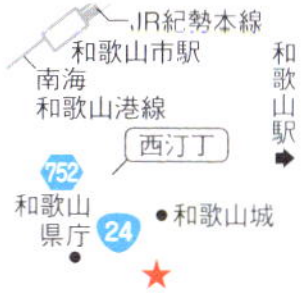

和歌山市吹上1-4-14

植田正治写真美術館

うえだしょうじしゃしんびじゅつかん

植田正治《パパとママとコドモたち》
1949年

植田が「自然のホリゾント」と呼んだ砂浜を舞台に、植田自身を含む家族総動員で「演出」して撮影した写真。彼の代表作である。

大山の絶景を撮影できるスポットが館内にある。天気がよく条件が揃うと、水面に写る逆さ大山も。写真好きの人はぜひお試しあれ!

独自の「演出写真」で世界を魅了

故郷である鳥取から離れることなく、独自の写真世界で世界を席巻した植田正治の作品を収蔵・展示しています。

山陰の空や砂丘をバックに、モデルを無機質なオブジェのように配置する写真を制作し続けた植田の作風は、海外でも「Ueda-cho（植田調）」で通じる独特なもの。同館では、彼が生涯にわたって撮影した作品を展示しています。また、映像展示室では、最大直径600㎜という世界最大級のカメラレンズから逆さに映し出される名山・大山の姿を見ることができます。

高松伸の設計した建物は、植田の代表作のひとつ《少女四態》の構図を取り入れ、スリットが入っているのが特徴。このスリットの合間から大山や、池に映り込む「逆さ大山」を眺められるよう、綿密に計算されています。

DATA

☎ 0859-39-8000
9：00～17：00　※入館は閉館30分前まで
休 火曜（祝日の場合は翌平日）、展示替え期間、12～2月は休館
¥ 一般900円ほか
JR伯備線岸本駅からタクシーで5分
http://www.japro.com/ueda/

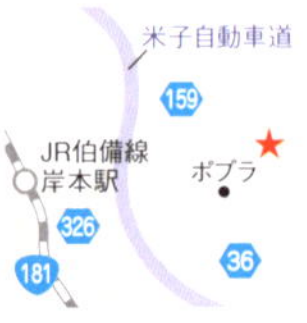

西伯郡伯耆町須村
353-3

MUSEUM 79

足立美術館《あだちびじゅつかん》

日本画の美に触れられる「横山大観特別展示室」の展示室風景。陶芸館では、北大路魯山人の陶芸作品や書、篆刻などを鑑賞できる。

館内にある「生の額絵」（写真上）、「生の掛軸」。「庭園もまた一幅の絵画である」という理念のもと、窓枠を額縁にみたてて景色を眺める。

11月下旬の主庭「枯山水庭」。自然の山と人工の庭園の調和が見事。

美を極めた日本画と日本庭園

実業家、足立全康《あだちぜんこう》のコレクションをもとに創設された同館は、主庭の枯山水庭、苔庭、池庭、白砂青松庭など、それぞれ趣向を凝らした5万坪の日本庭園を持ちます。その美しさはアメリカの専門誌などで絶賛され、連日世界中から訪問客が訪れるほど。

もちろん展示作品も充実しています。本館では、足立が蒐集《しゅうしゅう》した近代日本画、特に彼が愛してやまなかった横山大観の作品が並びます。大観の所蔵点数は120点を数える大規模なもの。新館では、平山郁夫や松尾敏男など、現代の日本画を展示しており、本館と新館を合わせて鑑賞すると明治以降の日本画の流れを一望できます。北大路魯山人の作品が並ぶ陶芸館も見もの。心を打つ場所が多く、一日かけて楽しみたい美術館です。

DATA

☎ 0854-28-7111
🕘 9:00～17:30（夏季4～9月）、～17:00（冬季10～3月）
※新館への入場（本館・新館連絡通路の通行）は閉館15分前まで
休 本館：年中無休　新館：展示替え期間
¥ 一般2300円ほか
🚌 JR山陰本線安来駅から「無料シャトルバス」で20分
🌐 http://www.adachi-museum.or.jp/

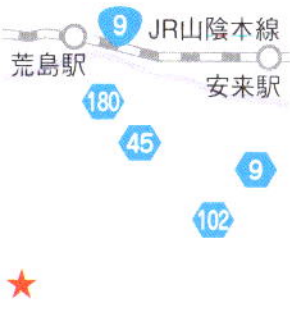

安来市古川町320

島根県立美術館

しまねけんりつびじゅつかん

伊藤若冲
《鶏図》
1789年頃

若冲は自宅に鶏を飼って写生を行い、緻密で華やかな鶏の絵画を多く残した。本作は片足立ちのバランスが絶妙な一作。

河井寛次郎
《白地草花絵扁壺》1939年

河井は島根県安来市に生まれ、「用の美」を唱える民藝運動に参加した陶芸家。

館内ロビーから眺められる宍道湖と夕陽。ぜひ日没を狙って訪れたいところ。

夕陽の絶景を望める湖畔の美術館

宍道《しんじ》湖《こ》のほとりにある同館は「水と調和」がテーマの美術館です。「水」を主題にした絵画作品を積極的に収集しており、モネやクールベなどのフランス絵画をはじめとして、多様な「水」の表現を鑑賞できます。

ガラス張りの広いロビーから「日本の夕陽百選」に選ばれた美しい夕陽を眺められるのも、大きなポイント。3月から9月までは閉館時間を「日没30分後」と不定期に設定しています。同館を訪れる時は、スケジュールをしっかり立てておきましょう。

ちなみに、野外展示の彫刻、籔内《やぶうち》佐《さ》斗司《とし》《宍道湖うさぎ》は、全12羽のうさぎのブロンズ像。湖側から数えて、2羽目のうさぎを、西を向きながらなでると幸せになれるという噂が流れ、人気が高まっています。

DATA

☎ 0852-55-4700
🕒 10：00〜18：30（10〜2月）、〜日没後30分（3〜9月）
※展示室への入場は閉館30分前まで（詳細は下記ウェブサイトを参照）
休 火曜、年末年始
¥ 入館無料、コレクション展：一般300円ほか　※企画展は展示内容により異なる
🚌 JR山陰本線松江駅から徒歩15分、「松江市営バス」県立美術館前バス停下車すぐ
🌐 http://www.shimane-art-museum.jp/

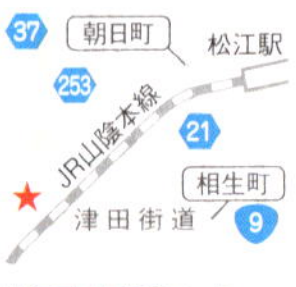

松江市袖師町1-5

81

大原美術館

おおはらびじゅつかん

児島虎次郎
《和服を着たベルギーの少女》1911年

同館設立に深く関わった洋画家の人気作。館内には児島の名を冠した記念室もある。

エル・グレコ《受胎告知》1590～1603年頃

スペイン三大画家の一人に数えられる巨匠による祭壇画。マニエリスムと呼ばれる、引き伸ばされた人体比率を使った構図が特徴的。

米蔵を改装した工芸・東洋館では、東洋の古代美術を展示。設計は染織家でもある芹沢銈介。

洋画家が集めた珠玉の美術品

古都、倉敷の美観地区にある同館は日本で最初に創設された西洋美術館です。実業家、大原孫三郎の支援を受けた洋画家の児島虎次郎《こじまとらじろう》がヨーロッパに渡り、エル・グレコの《受胎告知》など名画収集に励みました。モネらの印象派作品は、画家本人を訪ねて購入したものもあります。

ギリシャ神殿風の本館には、彼が選んだ作品を含め西洋絵画の名品が展示されています。もちろん児島作品も本館で鑑賞できます（入れ替えあり）。本館のほかにも展示棟があり、日本の近現代作品を分館、河井寛次郎や棟方志功など民藝運動作品を工芸・東洋館で、それぞれ展示しています。どの館も見どころ満載で、一日たっぷり時間をかけて鑑賞したい場所です。

DATA

☎ 086-422-0005
🕘 9：00～17：00　※入館は閉館30分前まで
休 月曜（祝日・振り替え休日の場合は開館）、年末
※7月下旬～8月、10月は無休
¥ 一般1300円ほか
🚃 JR山陽本線ほか倉敷駅から徒歩15分
🌐 http://www.ohara.or.jp/

倉敷市中央1-1-15

COLUMN

日本各地のモネ《睡蓮》をめぐろう！

印象派を代表する画家クロード・モネ。光や色の繊細な変化を見たままに表現する彼の作品といえば、《睡蓮》が有名。モネが愛した日本では、実に様々な《睡蓮》を観ることができます。日本全国の美術館を《睡蓮》をテーマにめぐってみるのも一興かもしれません。

東京

国立西洋美術館

（美術館はP.42～44で詳しく紹介）

同館コレクションの基礎を集めた実業家・松方幸次郎が、1922年に作家本人より購入したもの。本作制作時、モネはすでに20年近く睡蓮を描いていた。

《睡蓮》
1916年
油彩、カンヴァス
サイズ（cm）：200.5 × 201

千葉

DIC川村記念美術館

（美術館はP.36で詳しく紹介）

縦長の連作のひとつ。水面に、黄色味を帯びた午後の光に照らし出された空が反映している。同館が建つ約3万坪の庭園には、睡蓮の池も設けられているのであわせてどうぞ。

《睡蓮》
1907年
油彩、カンヴァス
サイズ（cm）：92.5 × 73.5

そのほかにも ここに睡蓮はある！

- 山形美術館（山形県）P.22で美術館を紹介
- 群馬県立近代美術館（群馬県）
- ブリヂストン美術館（東京都）※休館中
- 東京富士美術館（東京都）
- 和泉市久保惣記念美術館（大阪府）
- 地中美術館（香川県）
- 北九州市立美術館（福岡県）

本ページに掲載している《睡蓮》は、常時展示されている作品ではありません。展示期間は各館の公式ウェブサイトをご確認ください

睡蓮って、どんな絵画?

クロード・モネの代表作

50歳を超えたモネはパリ郊外ジヴェルニーの自宅に庭園を造り、池には睡蓮を育てた。そして、天候や時間によって移り変わる水面の表情を、20年近く描き続けた。睡蓮を主題とした絵画は、約200点が残されているという。

Claude Monet
(1840〜1926年)

京都

アサヒビール大山崎山荘美術館

(美術館はP.110で詳しく紹介)

建築家・安藤忠雄が設計した地中館「地中の宝石箱」は、モネの《睡蓮》を中心とした印象派の絵画を鑑賞できる展示室。周囲の景観との調和をはかるため地下に設けられた。庭園にはモネの睡蓮の池を思わせるような池もある。

《睡蓮》
1907年
油彩、カンヴァス
サイズ(cm):90×93

岡山

大原美術館

(美術館はP.131で詳しく紹介)

1920年、洋画家・児島虎次郎はモネを訪ね、作品を日本で公開したいと交渉。その熱意に動かされたモネは、長年大切にしていた本作を譲ったという。2000年には、同館にモネの睡蓮が株分け。工芸・東洋館入口脇の池で、今も美しい花を咲かせている。

《睡蓮》
1906年頃
油彩、画布
サイズ(cm):73×92.5

神奈川

ポーラ美術館

(美術館はP.64〜65で詳しく紹介)

日本有数の避暑地・箱根にある美術館。モネは池に、日本の浮世絵に描かれるような日本風の太鼓橋を架けた。本作は庭全体をとらえた初期の連作。同館は1907年の《睡蓮》も収蔵。

《睡蓮の池》
1899年
油彩、カンヴァス
サイズ(cm):88.6×91.9

ひろしま美術館

ピエール・オーギュスト・ルノワール
《パリスの審判》1913〜14年頃

印象派の巨匠が描くギリシア神話。3人の女神が登場する華やかなシーンを収めている。

平和を願った建物に屈指のフランス絵画

広島中央公園の一角、緑に囲まれた地にある同館は、ひろしま銀行創立１００周年を記念し、１９７８年に「愛とやすらぎのために」をテーマに創設されたもの。印象派作品を中心に19世紀後半〜20世紀初頭までのフランス絵画、日本の近代美術の流れをたどることのできる洋画などをコレクションしています。

常設展示が行われている本館は円形の建物で、中央の円形ホールを取り囲む形で４つの展示室が配置されています。それぞれの部屋は、マネやモネやシスレーらの作品が並ぶ「ロマン派から印象派」、ゴッホ《ドービニーの庭》などの「ポスト印象派と新印象主義」、マティスやドランなどの作品を観られる「フォービスムとピカソ」、そしてモディリアーニやシャガール、藤田嗣治らの「エコール・ド・パリ」と、テーマに沿った展示になっています。展示室をぐるりと一周するだけで、激動の19〜20世紀フランス絵画史の流れを把握することができます。

カフェや庭も注目

円形の展示室の奥には、特別展用の別館展示室があります。特別展が開催されていない時は、収蔵品より岸田劉生や佐伯祐三、岡田三郎助など日本の近代洋画が展示されることもあります。訪れる時は、展覧会スケジュールを確認するのがベストです。

ちなみに、併設の「カフェ・ジャルダン」は広島生まれのベーカリー、アンデルセングループが協力しており、パンの種類が豊富。季節によりメニューの変わるランチプレートが狙い目です。

美術館前庭には、5月の大型連休の頃にピンク色の花をつけるマロニエの木があります。この木は、開館記念にピカソの息子クロード・ピカソから贈られたもの。同じく5月頃にはサツキが中庭を彩り、秋には美しい紅葉も楽しめます。

フィンセント・ファン・ゴッホ
《ドービニーの庭》1890年

ポスト印象主義を代表する画家の亡くなる約2週間前の作品。尊敬していた画家ドービニーの庭園を描いたもの。

エドゥアール・マネ
《灰色の羽根帽子の婦人》1882年

印象派の父とされるマネの晩年作。パステルでおしゃれなパリジェンヌたちを描いた。

大理石に囲まれた上品な雰囲気の本館ホールには、ドーム型の天井から自然光が差し込む。中央の彫刻はマイヨール《ヴィーナス》。

広島

DATA

☎ 082-223-2530
9：00～17：00 ※特別展開催中の金曜は19：00まで延長開館することもあり　※入館は閉館30分前まで
休 月曜（特別展開催時を除く、祝日の場合は翌平日）、年末年始
¥ 特別展により異なる
広島電鉄市内路面電車 紙屋町東（または紙屋町西）の電停から徒歩5分、JR山陽本線ほか横川駅から「広島バス」市民病院前バス停下車すぐ
http://www.hiroshima-museum.jp/

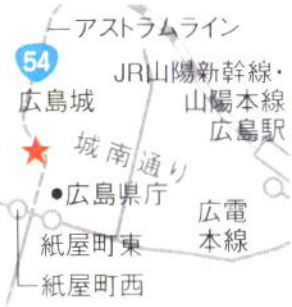

広島市中区基町3-2

MUSEUM 83

香月泰男美術館《かづきやすおびじゅつかん》

香月泰男
《サンドニ暁天》
1973 年

香月泰男は生まれた三隅町に戦後戻り、亡くなるまで同地で過ごしたが、本作は外国の景色を描いたもの。

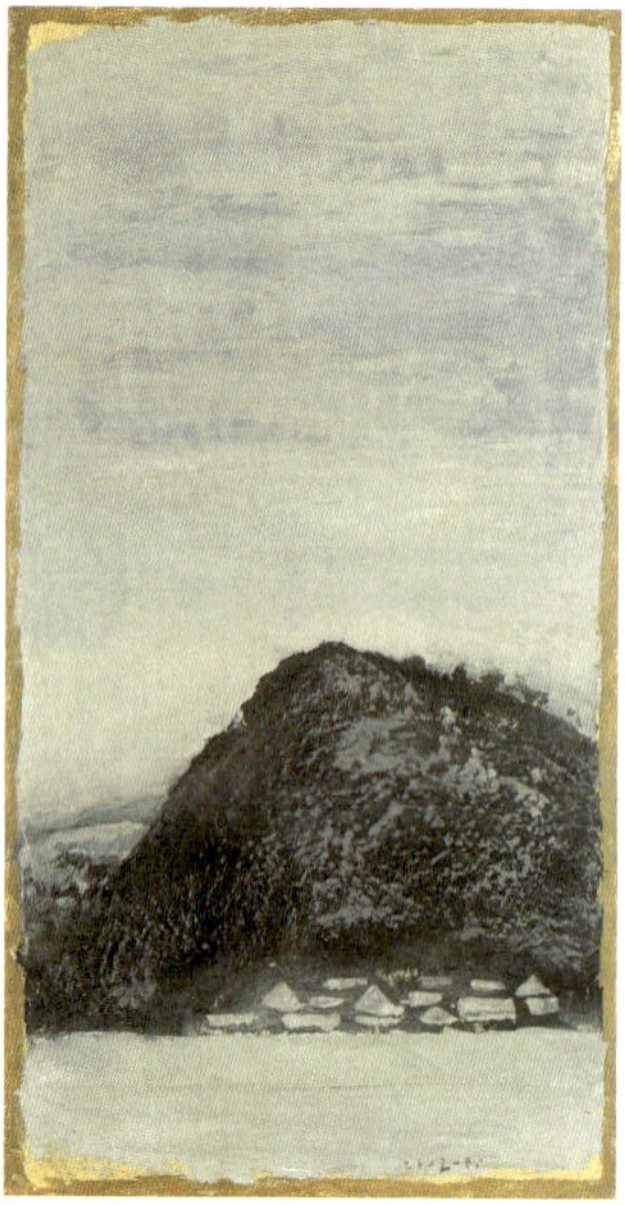

香月泰男
《雪の朝》
1974 年

香月は 32 歳で召集され、旧満州で終戦を迎える。シベリヤ抑留を経て帰国してからは、故郷の三隅町を離れず制作活動を続けた。本作は穏やかな田園風景が広がる、その町を描いたもの。

故郷を愛し描き続けた画家

独特の質感と陰影のある作品で人々の心を揺さぶる画家、香月泰男の作品や資料を展示しています。香月は1911年、温泉郷である大津郡三隅町（現・長門市）に生まれ、1943年に応召。終戦後はシベリヤに抑留され、過酷な強制労働を強いられました。この戦争抑留体験が彼の心に大きな影を落とし、全57点の代表作《シベリヤ・シリーズ》（山口県立美術館蔵）を生み出しました。

同館では、故郷を描いた《雪の朝》や海外の風景を描いた《サンドニ暁天》、かわいらしいオブジェなど、《シベリヤ・シリーズ》では伺うことのできない、穏やかな表情の作品を鑑賞することができます。時にはかわいく、時にはユーモラスなところもある彼の別の一面を感じとられる貴重な空間です。

DATA

壁には代表作《シベリヤ・シリーズ》の《避難民》レリーフがある。

☎ 0837-43-2500
🕒 9：00～17：00　※入館は閉館30分前まで
休 火曜（祝日の場合は翌平日）、年末年始、展示替え期間
¥ 一般500円ほか
🚌 JR山陰本線ほか長門市駅から「防長交通路線バス」湯免温泉バス停より徒歩２分、またはタクシーで15分、JR山陰本線長門三隅駅からタクシーで10分
🌐 https://www.city.nagato.yamaguchi.jp/kazukiyasuo/

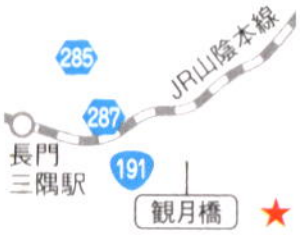

長門市三隅中湯免
226（湯免温泉）

84

山口県立萩美術館・浦上記念館

やまぐちけんりつはぎびじゅつかん・うらがみきねんかん

葛飾北斎
《富嶽三十六景 神奈川沖浪裏》(写真上)
《富嶽三十六景 山下白雨》(写真下)
1831～1834年

各地から臨む富士山の絶景を描いた江戸時代の人気シリーズ。70歳を超えてなお研鑽を積む北斎の境地が表れている代表作。海外からも愛されている名作。

東洲斎写楽
《三代目市川高麗蔵の志賀大七》 1794年

謎多き浮世絵師による、上半身のみを描いた大首絵。江戸時代の歌舞伎俳優・三代目市川高麗蔵が演じる敵役を描いた。

初期から明治までの浮世絵を網羅

萩の城下町にある、浮世絵や東洋の古陶磁、現代陶芸を中心に展示する美術館です。実業家で美術コレクターの浦上敏朗が、自身のコレクションを一括で出身地の山口県に寄贈。これが契機となり、1996年に開館しました。浮世絵誕生初期の菱川師宣《ひしかわもろのぶ》から、小林清親《きよちか》など幕末・明治時代の作品まで網羅しており、その数は5500点に及ぶ世界でも有数なもの。また、中国・朝鮮など東洋の古陶磁500点も様々な時代にわたります。2010年には、近現代の陶芸作品を展示する陶芸館も増設され、近現代萩焼の作品もあわせて鑑賞できるようになりました。

本館を設計したのは丹下健三。館内からはガラス越しに指月山《しづきやま》を眺められます。萩焼でお茶をいただけるカフェもありますので、ぜひお試しあれ。

DATA

☎ 0838-24-2400
🕒 9：00～17：00　※入館は閉館30分前まで
休 月曜（祝日の場合は開館）、年末年始、展示替え期間
¥ 普通展示：一般300円、70歳以上・18歳以下無料ほか
※特別展は展示内容により異なる
🚌 JR山陽本線ほか新山口駅から直行バス「スーパーはぎ号」萩・明倫センターバス停より徒歩5分、JR山陰本線東萩駅からタクシーで7分
🌐 http://www.hum.pref.yamaguchi.lg.jp/

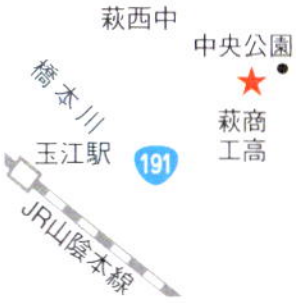

萩市平安古町586-1

香川県立東山魁夷せとうち美術館

かがわけんりつひがしやまかいいせとうちびじゅつかん

東山魁夷《緑溪》1952年

長野県・蓼科高原に取材した時の作品。東山は東京美術学校（現・東京藝術大学）入学後、初めて旅した信州を生涯愛した。

幻想的な風景画を描く日本画家の版画コレクション

《道》や《残照》（いずれも東京国立近代美術館収蔵）など、静けさを秘めた風景画で知られる日本画家、東山魁夷の作品を収蔵する美術館です。

東山は、東京美術学校（現・東京藝術大学）で日本画を学び、卒業後はドイツへ留学しました。彼が西洋の美術や自然に触れた体験は、静まり返った森や、幻想的な湖畔など独自の風景画を生み出す原動力となっています。

東山作品は多くの人に愛されており、亡くなるまで住んだ千葉県市川市をはじめ、長野県長野市、岐阜県中津川市にも専門美術館があります。

香川県に同館が開館したのは、東山の祖父が瀬戸内海の櫃石《ひついし》島（坂出市）の出身で、その縁があり、夫人より版画作品の寄贈を受けたことから。リトグラフや木版画、エッチングなど多様な版画作品を中心とした約350点の所蔵品から、季節ごとにテーマを設定して展示替えを行っています（特別展開催時は収蔵品展なし）。

瀬戸内海の眺望も

展示作品と同様に観ておきたいのがデジタルギャラリー。東山魁夷の名品約300点や、10年をかけて描いた唐招提寺御影堂の襖絵を大型モニターで鑑賞できます。日本各地に点在する東山作品をまとめて観られ、原寸大表示もでき便利です（特別展開催時はデジタルギャラリーはなし）。

谷口吉生が設計した建築も見どころで、館内ラウンジは瀬戸内海や瀬戸大橋を望める絶景スポット。ラウンジ内のカフェではオリジナル和菓子「あまも」をいただけます。青海苔を練り込み、磯の香りが口に広がる人気メニュー。

ちなみに瀬戸大橋の塗装色はライトグレーです。これは東山が海や空と人工物である橋との調和を考えて提案したものだそうです。

東山魁夷《松と岩》
1977年

同館の有する版画コレクションよりリトグラフ作品。東山が所蔵していた保存版の寄贈を受けたもの。

ラウンジカフェからは穏やかな瀬戸内海と瀬戸大橋を一望できる。魁夷の祖父が生まれ育った櫃石島も見える。

まんじゅうに青海苔を練り込み塩あんを包み込んだ、美術館限定の銘菓「あまも」。カフェで抹茶とともに味わうことができ、お土産用に購入することも可能。

DATA

☎ 0877-44-1333
🕒 9：00～17：00　※入館は閉館30分前まで
休 月曜（祝日の場合は翌平日）、年末年始、展示準備期間
※ゴールデンウィーク、夏季休業日期間は無休（展示準備期間と重なる場合は休館）
¥ 展示内容により異なる
🚌 JR予讃線ほか坂出駅から「坂出市営バス瀬居線」東山魁夷せとうち美術館バス停下車すぐ
🌐 http://www.pref.kagawa.jp/higashiyama/

坂出市沙弥島字南通224-13

香川

丸亀市猪熊弦一郎現代美術館《まるがめしいのくまげんいちろうげんだいびじゅつかん》

写真の3作品はすべて猪熊弦一郎の作品

《創造の広場》1991年

建物正面のオープンスペース「ゲートプラザ」にあるインパクト大な大壁画。手前に《シェルの歌》《星座》《四つの生命》のオブジェも置かれている。

《GETA》1991年

猪熊が幼少の頃、川で溺れた時に助けてくれたおじさんに捧げるモニュメントとされている作品。1階エントランスに展示。（※時期により撮影禁止の場合があるので、スタッフに要確認。）

《シェルの歌》1991年

建物正面オープンスペースの壁画の前に展示されているオブジェ。

（上記写真）撮影：高橋章

好奇心旺盛な画家の幅広い世界へ

三越の包装紙「華ひらく」をデザインしたことでも知られる画家、猪熊弦一郎の作品を収蔵・展示する同館は、JR丸亀駅からすぐの場所にある「駅前美術館」。数々の美術館を設計した谷口吉生による建物正面には、猪熊の巨大な壁画《創造の広場》が掲げられて、道行く市民にも親しまれています。

猪熊は戦前のフランスでアンリ・マティスに師事。戦後はニューヨークにアトリエを構えるなど、世界を飛び回り活動した画家。常設展の展示作品は、常に挑戦を続けた猪熊らしく。バラエティに富んでいます。また、彼が収集した世界各国の雑貨なども人気の展示。「丸亀市民に最先端の芸術を知ってほしい」という猪熊の意向から、現代美術をテーマにした企画展も積極的に開催されています。

DATA

撮影：山本糾

☎ 0877-24-7755
10：00～18：00　※入館は閉館30分前まで
休 12月25日～31日、展示替えなどによる臨時休館日
¥ 常設展：一般300円、市在住65歳以上無料ほか
※企画展は展示内容により異なる
JR予讃線丸亀駅から徒歩1分
http://mimoca.org

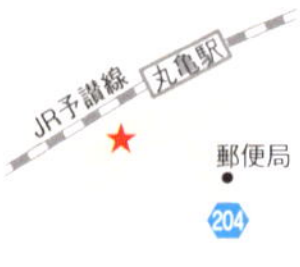

丸亀市浜町80-1

MUSEUM 87

愛媛県美術館

えひめけんびじゅつかん

CHUGOKU・SHIKOKU

杉浦非水
《東洋唯一の地下鉄道》
1927年

デパートの三越の看板デザイナーとして活躍した杉浦による東京地下鉄のポスター。

沖冠岳
《百猩々図》
明治初期

沖はかつて文化育成が盛んだった今治藩から、京や江戸へ出て学んだ画家。人物・花鳥・山水、水墨・着彩画と得意分野が幅広かった。

大きな窓の外には力強い緑の景色。開放感あふれるエントランス。

自由に創作できるアトリエも好評

松山城跡内にある同館は、郷土作家の作品を収集してきた愛媛県立美術館を引き継ぐ形で1998年に開館。モネやセザンヌなどの海外作家、安田靫彦、中村彝などの近代日本画や洋画、さらには白髪一雄、靉嘔《あいおう》をはじめとする現代美術作品など幅広い作品を所蔵、展示しています。自由に使える無料アトリエも併設。

もちろん、郷土作家の作品収集・展示も引き続き行われています。江戸時代末から明治にかけて活躍した画家・沖冠岳《おきかんがく》はその代表格。日本画出身で、アール・ヌーヴォーに魅せられて図案家（デザイナー）に転身、昨今再び注目されている杉浦非水に関する資料は、2000点を超すなど特に充実。彼が手がけた地下鉄や三越、カルピスのポスターは、いま観ても新鮮です。

DATA

☎ 089-932-0010
🕘 9：40～18：00　※入館は閉館30分前まで
休 月曜（祝日・振り替え休日の場合は翌平日）※第1月曜は開館し、翌火曜休館
¥ 所蔵品展：一般300円、65歳以上無料ほか
※企画展は展示内容により異なる
🚃 伊予鉄道市内電車 南堀端 愛媛県美術館前停から徒歩1分
🌐 http://www.ehime-art.jp/

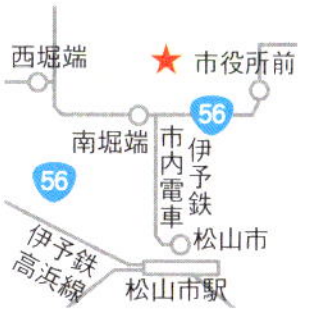

松山市堀之内

MUSEUM 88

大塚国際美術館

おおつかこくさいびじゅつかん

ミケランジェロ
《システィーナ礼拝堂天井画および壁画》

ヴァティカン市国の礼拝堂天井に、16 世紀に描かれたフレスコ画を原寸大で再現。その圧倒的な美を海外に行かずに体感できる。

日本にいながら世界の名画をひとめぐり

鳴門公園内にある世界に類を見ない陶板名画の美術館です。陶板名画とは、陶器の大きな板に色やサイズ、筆のタッチまで原画に忠実に再現したもの。紙や印刷などに比べ経年劣化せず、実際の名画のような迫力、臨場感を感じられます。

レオナルド・ダ・ヴィンチの《モナ・リザ》、クリムトの《接吻》にピカソの《ゲルニカ》など、古代の壁画から現代絵画まで、約１０００点が展示されています。

陶板で名画を鑑賞する一番のメリットは、サイズを実感できること。本やインターネットで知っていたあの絵が、想像よりも大きかった！（あるいは小さかった！）という時の驚きは、原寸サイズの作品を目にした時だけに得られる感動です。

同館は製薬業で知られる大塚グループが設立したもので、陶板制作はキトラ古墳の壁画複製などで知られる同グループの大塚オーミ陶業が行っています。

現地さながらの臨場感

　この美術館は展示方法もユニークです。名画だけでなく、展示空間も丸ごと再現した「環境展示」では、現地の雰囲気もそのまま体感できます。ヴァティカンのシスティーナ礼拝堂天井画や壁画、オランジュリー美術館にあるモネの《大睡蓮》など、その迫力ある立体展示に感銘を受けるはず。

　このほか、順番通りに観ると西洋美術史も把握できる時系列順の「系統展示」や、トロンプ・ルイユ（騙し絵）などテーマごとに名画を選んだ「テーマ展示」などもあり、展示方法で絵の印象が変わることも分かります。

　広大な美術館なので、全作品を観ようとすると2〜3時間はかかってしまうかも。スケジュールに余裕を持って、歩きやすい靴で訪れましょう。

エル・グレコ
《祭壇衝立復元》

戦禍で絵画が散逸した祭壇を推定復元した展示作品。1点はルーマニア国立美術館、5点はプラド美術館で観られるが、6点揃って観られるのは同館だけ。

フィンセント・ファン・ゴッホ
《ヒマワリ》

かつて兵庫県芦屋市で戦禍により焼失した作品を、2014年に陶板で原寸大再現。現存しない、まさに幻の作品が、絵具の凹凸感も忠実に再現されている。

レオナルド・ダ・ヴィンチ《最後の晩餐》

向かって左が修復前、右が修復後と同時に展示しているので、修復の成果を見比べることができる。

徳島

DATA

☎ 088-687-3737
🕘 9：30〜17：00　※入館・券の販売は閉館1時間前まで
休 月曜（祝日の場合は翌平日）、そのほか特別休館日あり
1月は正月明けに連続休館あり　※8月は無休
¥ 一般3240円ほか
🚌 JR鳴門線鳴門駅から「徳島バス」大塚国際美術館前バス停下車すぐ
🌐 http://www.o-museum.or.jp

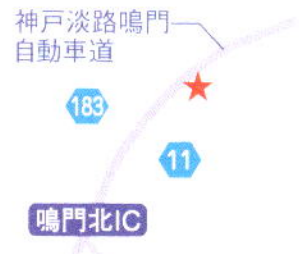

鳴門市鳴門町土佐泊浦字福池65-1

高知県立美術館

こうちけんりつびじゅつかん

シャガール《オルジュヴァルの夜》1949年
©ADAGP, Paris & JASPAR, Tokyo, 2017, Chagall® C1660

シャガールはロシア（現・ベラルーシ）生まれの画家。最愛の妻ベラとの出会いによって、普遍的な愛を描き続け、「愛の画家」と呼ばれるようになった。

絵金
《太平記忠臣講釈 七条河原惣嫁宿》
制作年不詳

幕末期の土佐に生まれた絵師、絵金は江戸で狩野派に学び、土佐に戻ってからは、独特な芝居絵を展開した。

シャガールの世界的コレクション

近現代の美術作家や郷土作家のコレクションを収蔵・展示している同館は、世界有数のシャガール・コレクションを持つことでも知られています。その数はなんと1200点以上。専用の展示室で、その一部を鑑賞できます。

もうひとつの核は、『桂離宮』などの作品で世界的に著名な写真家、石元泰博の作品群です。アメリカでモダニズムの造形感覚を培った石元が高知県に寄贈した作品・資料群は、著作権譲渡も含めて総計18万点以上！ 2013年、美術館内に石元泰博フォトセンターが設立されました。モノクロの写真作品はもちろん、使用した機材なども専用展示室で観ることができます。

重厚な雰囲気が漂う建物にも注目を。高知独自の建材「土佐漆喰」で外壁を塗り固めたものです。

DATA

☎ 088-866-8000
9：00〜17：00 ※入館は閉館30分前まで
休 年末年始、臨時休館日あり
¥ 常設展：一般360円ほか ※企画展は展示内容により異なる
「はりまや橋」から「とさでん交通路面電車」県立美術館通より徒歩5分、JR土讃線高知駅からタクシーで20分
http://moak.jp/

高知市高須353-2

九州国立博物館

きゅうしゅうこくりつはくぶつかん

《青貝細工フリーメイソン箱》
江戸時代（19世紀）
撮影：小平忠生

伝統工芸技法の長崎青貝細工で、西洋の秘密結社「フリーメイソン」のシンボルを施している。欧米への輸出漆器として制作された。

《色絵藤棚文大皿 鍋島》
江戸時代（17世紀）撮影：落合晴彦

内面には『源氏物語』に取材した藤棚、外面には花唐草を配し、九州陶磁技術の粋を集めた名品。

体験型の展示室「あじっぱ」は入館料無料。展示品に触ったり音を鳴らしたりできる。

アジアと九州の交わりを総覧

２００５年に開館した、国立博物館の中で一番新しい同館は、アジアとの交流の地であった九州の歴史を踏まえ「日本文化の形成をアジア的史観から捉える」ことをコンセプトにしています。常設展は「文化交流展示」と銘打ち、日本の文化がアジアの文化を、どのように取り込み、独自の世界を構築したかを、約８００点の展示物と５つのテーマ展示を通して紹介しています。

そして、エントランスロビーにある体験型展示室「あじっぱ」には長居しましょう！　アジアの民族衣装を着用したり、楽器を演奏してみたり、体を使って文化交流ができる楽しい場所です。

流線型の外観を持つ建物は江戸東京博物館なども手がけた菊竹清訓《きくたけきよのり》の設計。天気のよい日は外壁のガラスに青空が映り込み、晴れ晴れと美しい姿です。

DATA

☎ 050-5542-8600（ハローダイヤル）
9：30〜17：00、金・土曜〜20：00
※入館は閉館30分前まで
休 月曜（祝日・振り替え休日の場合は翌平日）
¥ 文化交流展：一般430円、70歳以上無料ほか
※特別展は展示内容により異なる
西日本鉄道太宰府線太宰府駅から徒歩10分、JR鹿児島本線二日市駅から徒歩12分
http://www.kyuhaku.jp/

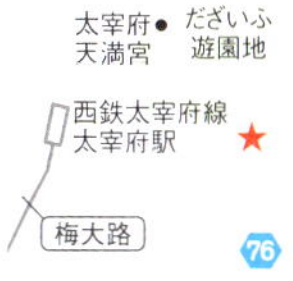

太宰府市石坂4-7-2

MUSEUM 91

田川市美術館

たがわしびじゅつかん

KYUSHU・OKINAWA

タイガー立石《百虎奇行》1989年

福岡県田川市は作家の故郷。画家としてキャリアをスタートさせ漫画も描き始め、やがて漫画の手法を持ち込んだ絵画を展開する。

福岡県出身の炭鉱労働者であり、炭坑記録画を描き続けた山本作兵衛作品をモチーフにした博多人形を常設展示。人形の上には原画（レプリカ）も展示されている。

炭鉱町で花開いた郷土の美術

かつて炭鉱で栄えていた筑豊最大の町、田川市にある美術館です。画家で漫画家のタイガー立石（立石大河亞）をはじめ、筑豊にゆかりのある作家作品の収集・展示など、地域に根ざした活動を行っています。日本で初めてユネスコの世界の記憶に指定された、山本作兵衛による炭鉱記録画（田川市石炭・歴史博物館所蔵）を元にした博多人形も見どころのひとつ。

山本は7歳頃から炭鉱手伝いをはじめ、15歳頃から坑内夫として約50年間働いてきた「ヤマの男」。子どもや孫に炭鉱の生活や人情を残したいと、記憶や聞き取りをもとに素朴ながら胸に迫る炭鉱記録画を描き続けました。博多人形は山本が描く世界を忠実に再現したものです。同館から田川市石炭・歴史博物館までは徒歩15分ほどです。

DATA

☎ 0947-42-6161

🕒 9：30～18：30　※入館は閉館30分前まで
※展示・イベント内容により変更あり

休 月曜（祝日の場合は翌平日、翌平日も祝日の場合は開館）、年末年始、臨時休館日

¥ 展示内容により異なる

🚌 JR日田彦山線田川伊田駅、またはJR後藤寺線田川後藤寺駅からタクシーで5分

🌐 http://tagawa-art.jp/

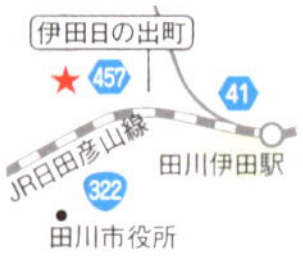

田川市新町11-56

MUSEUM 92

長崎県美術館

ながさきけんびじゅつかん

横手貞美《ビロード服の女》1928年

横手は若い頃を長崎で過ごし、後に渡仏。洋画家の佐伯祐三と制作をともにした。本作は佐伯が亡くなり、新しい道を歩み始めた頃の作品。

運河を挟む2つの建物の屋上には庭園が広がる。長崎港も望められる絶景。

フアン・カレーニョ・デ・ミランダ
《聖アンナ、聖ヨアキム、洗礼者聖ヨハネのいる聖母子》1646～55年頃

17世紀後半のスペイン絵画を代表するカレーニョ・デ・ミランダの初期作品。カルロス2世の宮廷画家として活躍した。

県ゆかり＆スペイン美術の宝庫

景色が美しい長崎水辺の森公園に隣接する同館は、前身の長崎県立美術博物館から美術館機能と主にスペイン美術、長崎ゆかりの美術作品を引き継ぐ形で、2005年に開館しました。

スペイン絵画のコレクションは、第二次世界大戦中、特命全権公使としてスペインに赴任した須磨彌吉郎が収集したものが母体で、15世紀の宗教画から、ピカソやダリ、タピエスに至るまで網羅されています。このコレクションが縁となり、ミュージアムショップではスペイン国立プラド美術館のグッズを購入できます。日本でプラド美術館のグッズを購入できるのは同館のみ。

水路を挟んだ2つの棟からなる建物のデザインは、根津美術館、サントリー美術館などを手がけた隈研吾。屋上の庭園からは長崎港を一望できます。

DATA

☎ 095-833-2110
🕒 10：00～20：00　※入場は閉館30分前まで
休 第2・第4月曜（祝日の場合は翌平日）、年末年始
¥ コレクション展：一般400円ほか　※企画展は展示内容により異なる
🚃 長崎電気軌道 市民病院前電停から徒歩2分、出島電停から徒歩3分
🌐 http://www.nagasaki-museum.jp/

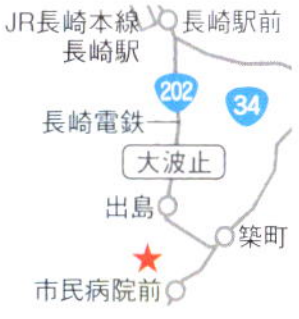

長崎市出島町2-1

MUSEUM 93

熊本県立美術館

くまもとけんりつびじゅつかん

浜田知明
《ボタン（B）》1988年

自らの戦争体験を版画や彫刻作品に表現する作家の銅版画。作品名「ボタン」とは核のスイッチである。

名城・熊本城近くで古代〜現代まで傑作揃い

熊本城二の丸公園の敷地内にある美術館です。県内唯一の総合美術館として、古今東西の美術を網羅して収集・展示しています。絵画や工芸品、刀剣装具などの古美術をはじめ、浜田知明ら熊本ゆかりの近現代作家による作品まで、幅広いコレクションを有しています。

また、NHK熊本放送局に勤めながら、古美術を収集し、西日本随一とも称される肉筆浮世絵や茶道具のコレクションを築き上げた、今西菊松のコレクションも見逃せません。

西洋美術コレクションも、ルノワールや藤田嗣治などのフランス絵画、版画作品などが充実しています。

1階にある装飾古墳室は、5〜7世紀頃までに造られ、着色や彫刻が施された「装飾古墳室」に関する専用の展示室です。全国約700例報告されている装飾古墳のうち、約190例が熊本に分布しています。展示室では、様々な文様が施された石棺やフレスコ彩画などの実物や精巧なレプリカが並びます。

藩主細川家の名品も

同館は、熊本藩主細川家に伝わる文化財を保存・公開する、東京都文京区の永青文庫と協定を結んでいます。この協定に基づき、2008年に新設された「細川コレクション常設展示室」では、永青文庫が所蔵する美術工芸品や近世屏風、近代日本画などを常設展示しています。熊本ゆかりの至宝を、東京に行かなくても鑑賞できるのです。

レンガ色のタイルが重厚な雰囲気を醸し出している建物は、前川國男の設計です。館内に入ると、天井のワッフルスラブ（格子状になった梁）、シンプルな円柱、そして大きな吹き抜けが作り出す開放感に圧倒されます。2階からの風景もまたオツなので、ぜひ忘れずに堪能してください。

菱田春草《黒き猫》
1910年
（永青文庫所蔵・同館寄託）

目を患いながらも描き続けた画家の菱田が、亡くなる前年の第4回文展に出品した名作。重要文化財。

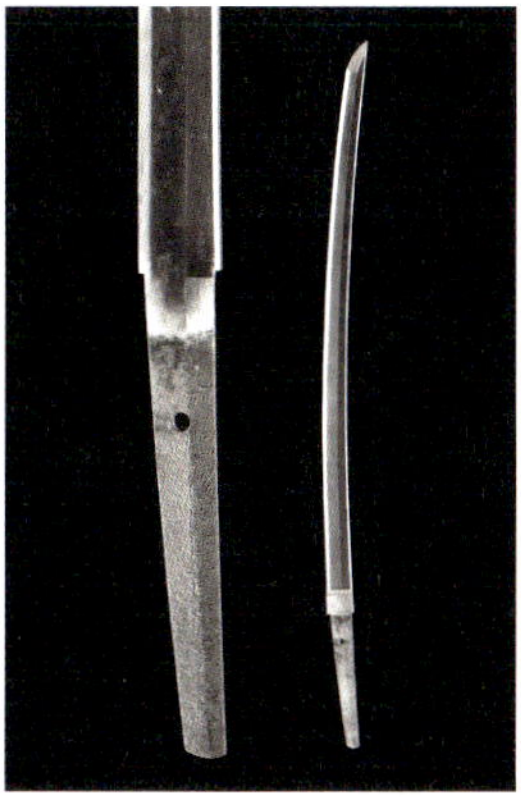

《刀 銘 九州肥後国
同田貫藤原正国》
桃山時代、16世紀

加藤清正の庇護を受けて活動した熊本の刀工集団、同田貫派の代表格「正国」作の刀。

ピエール・オーギュスト・
ルノワール
《胸に花を飾る少女》
1900年頃

西洋美術コレクションの代表格。印象派巨匠の円熟期を示す作品。

DATA

※2018年4月26日まで改修工事のため休館中

☎ 本館：096-352-2111
🕒 本館：9：30〜17：15　※入館は閉館30分前まで
休 月曜（祝日の場合は翌平日）、年末年始、展示替え期間
¥ コレクション展：一般420円ほか　※特別展は展示内容により異なる
🚌 JR九州新幹線ほか熊本駅から「熊本城周遊バス・しろめぐりん」熊本城二の丸駐車場バス停より徒歩3分
🌐 http://www.museum.pref.kumamoto.jp/

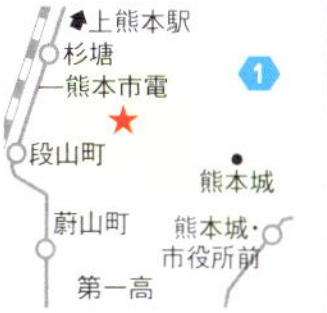

本館：
熊本市中央区二の丸2

MUSEUM 94

熊本市現代美術館

くまもとしげんだいびじゅつかん

KYUSHU・OKINAWA

安本亀八
《相撲生人形》
1890年

熊本生まれの天才生人形師による傑作。幕末から明治にかけて見世物細工の華であった芸術の境地を示す。

気軽に美術鑑賞と読書フリースペースが人気

熊本城からも近い大通りにある同館は、館内の建築と一体化した作品のあるユニークな美術館です。一番目を引くのが、無料で入館できるエントランスロビーの中央にある「ホームギャラリー」。漫画も含めていろんなジャンルの書籍が揃っている図書スペースは自由に出入りでき、誰でも読書できる空間となっています。連日、学生から年配の方まで多くの市民が集ってのんびりしています。

実はこの空間も美術作品の一部。天井にある青い光はジェームズ・タレルの《MILK RUN SKY 2002》で、夜には光の色が変化します。寝そべって読書できるスペースもある本棚は、マリーナ・アブラモヴィッチの《Library for Human Use》という作品です。

このほか、宮島達男や草間彌生の作品も、館内の風景に溶け込んでいますので、ぜひ探してみてください。単に作品を展示するだけではなく、寛いだ形で自然に鑑賞できるスタイルが面白い美術館です。

九州ならではの作品も

同館では横尾忠則やアンドレアス・グルスキーなど国内外の現代美術作品を収集。その一方で、江戸時代後期から明治にかけて制作された安本亀八《やすもとかめはち》《相撲生人形》も、代表的コレクションのひとつとなっています。熊本出身の安本や松本喜三郎らが作り出した生人形の、まるで生きているようなリアルさは当時人気を呼び、全国各地の興業でひっぱりだこに。その後、人々の生人形への熱狂は下火になりましたが、近年、その技巧に再び注目が集まっています。

メインの企画展示室では、私たちとともに「今」を生きている現代アーティストたちの展覧会を様々な角度から開催。それと同時に、九州・熊本にゆかりのある作家や事象を取り上げた展覧会も、無料の展示室で随時開催しています。

図書室を兼ねたホームギャラリーは入館料無料だが、鑑賞できるアートがあちこちに。天井にはジェームズ・タレル《MILK RUN SKY 2002》。本棚の中で寝ることもできるユニークな作品はマリーナ・アブラモヴィッチの作品。

宮島達男
《Opposite Vertical on Pillar-233651 series》
2002 年

発光ダイオードが点滅することによって美術館の鼓動を象徴する光の柱というアート。エントランスロビーにある。

熊本

DATA

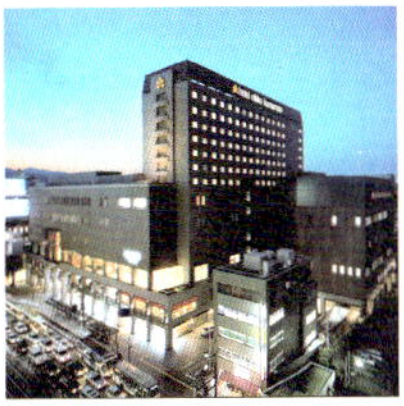

☎ 096-278-7500
🕒 10：00〜20：00　※展示室入場は閉館30分前まで
休 火曜（祝日の場合は翌平日）、年末年始
¥ 入館は無料　※企画展は展示内容により異なる
🚌 JR九州新幹線ほか熊本駅から熊本市電 通町筋電停下車すぐ
🌐 http://www.camk.or.jp/

熊本市中央区上通町
2-3

大分県立美術館《おおいたけんりつびじゅつかん》

マルセル・ワンダース
《ユーラシアン・ガーデン・スピリット》 2015 年

16 世紀にオランダの商船が日本に初めて到着したという歴史にインスピレーションを受けて、同館のために制作された。

県ゆかりの作家と時代・国境を越えた作品

2015年に開館した同館は「出会いと五感のミュージアム」がテーマ。古来より大陸文化やキリスト教など異国の文化を取り入れて発展した大分の風土をベースに、時代やジャンル、国境などの敷居を超えた展示を行っています。

収蔵品は、近世絵画から現代美術作品に至るまで約5000点。田能村竹田《たのむらちくでん》など近世の絵師から、福田平八郎や髙山辰雄などの近代の日本画家、朝倉文夫の彫刻など大分ゆかりの作家作品は、コレクション展で鑑賞できます。

また、入場無料で利用できるエリアにも多くの作品が置かれているので、美術と気軽に親しめてうれしい限り。

入口近くの「ユーラシアの庭」にあるマルセル・ワンダース《ユーラシアン・ガーデン・スピリット》は、触ったり揺らしたりすることができます。3階のぽっかり天井が空いた「天庭《あまにわ》」には、ガラスや磁器などの作品がランダムに置かれ、陽光に照らされ美しく輝いています。

展示室外も心躍る

全面ガラス張りで、通りから眺めると何とも楽しげな様子が見て取れる建物は、フランスのポンピドゥー・センター分館などを手がけた坂《ばん》茂《しげる》が設計したもの。夜になると、美術館の光が建物を美しくライトアップさせます。坂は紙管を効果的に使った建築物でも知られていますが、同館でも紙管と合板を組み合わせた椅子や間仕切りなどを使用。カフェやレストランなどで見ることができます。コーナーごとにデザインも異なっているので、見比べたり、座り比べたりしてみるのも一興。

そして小鹿田《おんた》焼《やき》など地元の器で郷土料理を味わえるカフェや、かわいく再デザインされた伝統工芸品を扱うショップなど、コンセプトの通り五感すべてが満足する施設も充実しています。

ミヤケマイ
《もどる場所があるということ》
2015 年

「大分の伝統が現代に甦る」をイメージした現代美術家による作品。1階アトリウムに展示。

徳丸鏡子（陶）、
礒﨑真理子（陶）、
高橋禎彦（ガラス）
《天庭―工芸を超える現代三人衆》

3階ロビー空間を彩るのは、空に抜ける庭「天庭」。現代工芸作家3人によるインスタレーションで、移ろう光によって作品の印象も変わる。

DATA

©Hiroyuki Hirai
夜7時（金・土曜は8時）まで、開いているのがうれしい！

☎ 097-533-4500
🕒 10：00～19：00、金・土曜～20：00
※入館は閉館30分前まで
休 館内点検などによる臨時休館日のほかは無休
¥ コレクション展：一般300円ほか　※企画展は展示内容により異なる
🚌 JR日豊本線ほか大分駅から「大分交通バス」「中心市街地循環バス大分きゃんばす」オアシス広場前（県立美術館南）バス停下車すぐ、JR日豊本線ほか大分駅から徒歩15分
🌐 http://www.opam.jp/

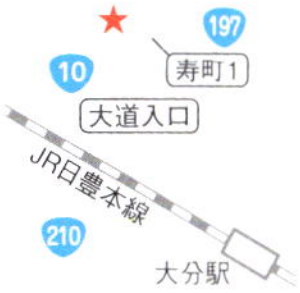

大分市寿町2-1

宮崎県立美術館

みやざきけんりつびじゅつかん

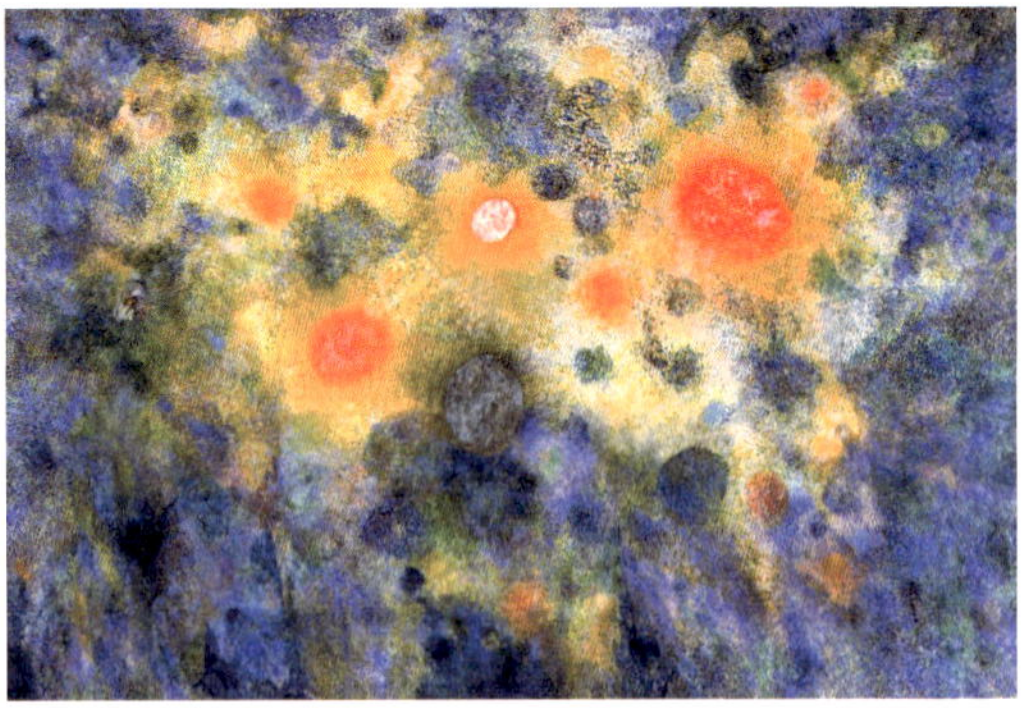

瑛九
《田園 B 》
1959 年

宮崎市出身の瑛九（本名：杉田秀夫）の早い死の前年に描かれた。月、星、太陽が故郷に輝いている心象風景を描き出したものという。

屋外の文化広場に、アメリカの彫刻家ジョージ・シュガーマンが、宮崎県の自然を表現した作品《イメージズ・オブ・ミヤザキ》がある。

瑛九
《Visitors to a Ballet Performance》 1950 年

瑛九はカメラを用いない、印画紙による新しい表現方法「フォト・デッサン」を生み出した。

特別展以外は入館料無料！

宮崎県総合文化公園内にある同館前には、青々とした芝生の文化広場があります。この広場にあるジョージ・シュガーマン《イメージズ・オブ・ミヤザキ》は、宮崎の自然を象徴的に表現した複数の野外彫刻群。入場する前から楽しげな気分になってきます。

宮崎に縁のある作品などを収集する同館の注目は、宮崎市出身の瑛九の作品所蔵数が日本随一であること。油彩だけでなく、フォトコラージュや版画など制作ジャンルが幅広く、作風も年代により様々な彼の作品を、専用の展示室で鑑賞することができます。

また、瑛九に大きな影響を与えたとされる、ルネ・マグリットやジョルジョ・デ・キリコなどシュルレアリスム絵画、また、ポモドーロやマンズーらイタリア現代彫刻も充実しています。

DATA

☎ 0985-20-3792
🕒 10：00〜18：00 ※展示室入場は閉館30分前まで
休 月曜（祝日の場合は翌平日）、年末年始、特別整理期間
¥ 無料 ※特別展は展示内容により異なる
🚌 JR日豊本線宮崎駅から「宮崎交通バス」文化公園前バス停下車すぐ
🌐 http://www.miyazaki-archive.jp/bijutsu/

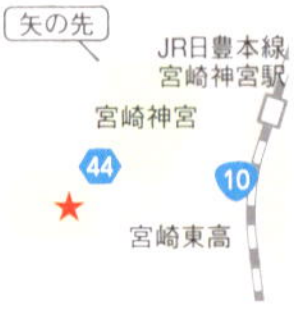

宮崎市船塚3-210
県総合文化公園内

MUSEUM 97

田中一村記念美術館

たなかいっそんきねんびじゅつかん

地元の素材をふんだんに使い、奄美独特の建築・高倉をイメージした展示室も見もの。

高倉を模した建物や珊瑚石を使用したエントランスなど、美術館の建築もゆっくり見学しよう。

田中一村
《初夏の海に赤翡翠》
1962年

ビロウの葉の黒いシルエットに、緋色の鳥アカショウビン、ミツバハマゴウやアカミズキといった植物が目を引く代表作。

奄美大島の自然を愛し描き続けて

奄美大島の花や鳥を鮮やかに描き続け、「日本のゴーギャン」との呼び名もある日本画家、田中一村の作品を展示しています。１９０８年に栃木県に生まれた一村は幼い頃から画才を発揮し、東京美術学校に入学しましたが、わずか2か月で中退。その後は数々の公募展に出品を重ねますが、芳しい結果は出ず、50歳で奄美大島に移住します。

その後、亜熱帯の植物や動物を濃密な画風で描く独自の世界が花開いていきますが、１９７７年にひっそりと死去。彼の作品が注目されたのは、死後しばらく経ってからのことでした。

同館では、彼の奄美以前の作品も含めて約４５０点を収蔵。季節に合わせた約80点を常時展示しています。

奄美大島の群倉《ぼれぐら》をモチーフにした建物の佇まいもかわいらしいものです。

DATA

0997-55-2635
9：00～18：00、～19：00（7～8月）
※入館は閉館30分前まで
休 第1・第3水曜（祝日の場合は翌平日）、4月29日～5月5日、7月21日～8月31日、12月30日～1月3日は開館
¥ 一般510円ほか　※企画展は展示内容により異なる
奄美空港から「しまバス」奄美パーク内バス停
奄美パーク入口バス停下車すぐ
http://amamipark.com/isson/

奄美市笠利町節田
1834

鹿児島県霧島アートの森

かごしまけん
きりしまあーとのもり

西野康造
《気流〜風になるとき》 1991 年

翼そのものは風や雲、作品全体は大空と大地の調和を表現。翼が動く仕組みをよく観てみよう。

ニキ・ド・サンファル
《青色のドーン》 1995 年

大地母神を意味するシリーズの一作品。作家のひ孫にちなんで制作された黒や黄色版もある。

霧島連山の高原で野外彫刻に出会う

霧島山麓の標高700メートルの高地に20ヘクタールという広大な敷地を持つ野外美術館です。同館の作品は、単に屋外に彫刻を配置しているのではありません。作家たちを実際に招き、風景や地形を理解してもらい、配置場所も決めてもらった上で制作する、「サイトスペシフィック・ワーク」という方法を採用しています。作品はこの土地の歴史や特性をいかしたものばかり。現在、国内外23名の作家による作品が点在しています。

エントランスの前で訪問者を堂々と待ち構える草間彌生の《シャングリラの華》は色鮮やか。なぜ浮いているように見えるのか、作品の周りをぐるりと回って確認したくなる植松奎二《けいじ》《浮くかたち－赤》も色彩豊か。その一方で、アントニー・ゴームリー《インサイダー》のように、森の中でひっそりと佇むような作品もあり、バラエティ豊富です。

屋外はアップダウンの激しい場所なので、歩きやすい靴で訪れましょう。

屋内にも名だたる彫刻

野外彫刻以外の彫刻も収集・保管しています。収集対象は、第二次世界大戦後から今日に至るまで。フランスのニキ・ド・サンファールや中国のチェン・ゼンなどから、オノ・ヨーコに舟越桂、村上隆まで。アートホール内で、これら国や時代、形式を問わない、バラエティに富んだ作品に触れられます。雨の日でも楽しめます。

そして、アートホールのある大きな直方体のような建物は、「みなとみらい線みなとみらい駅」なども設計した早川邦彦によるもの。カフェとショップは天井が高く、開放感にあふれた空間。外から見ても目立つ大きなガラス窓からは、野外の展示スペースや霧島の山々を眺められます。四季折々で心地よい時間を過ごせる、絶景スポットでもあります。

草間彌生
《シャングリラの華》 2000 年

不老不死の桃源郷で、色鮮やかに咲き誇る花がテーマの作品。

アントニー・ゴームリー《インサイダー》 1999 年

自分自身を分身として表すイギリスの彫刻作家の作品は、森の中で5つのポーズをとり立っている。

オノ・ヨーコ
《絶滅に向かった種族（2319 - 2322）》
1992 年

「B.P. 50 年頃の4人の死骸が、A.P.（平和確立後）100 年頃に、D 大陸で凍結された彼らの夢と記憶とともに発掘された」と語られる作品。

鹿児島

DATA

☎ 0995 - 74 - 5945
9：00～17：00、7月20日～8月31日の土・日曜、祝日～19：00　※入館は閉館30分前まで
休 月曜（祝日の場合は翌平日）、年末年始、臨時休館日（2月の第3・第4月曜）
¥ 屋外常設展：一般310円ほか、企画展は別途料金
JR肥薩線栗野駅から「湧水町営ふるさとバス」霧島アートの森バス停下車すぐ、またはタクシーで20分
http://open-air-museum.org/

姶良郡湧水町木場6340 - 220

MUSEUM 99

沖縄県立博物館・美術館

おきなわけんりつ はくぶつかん・びじゅつかん

KYUSHU・OKINAWA

稲嶺成祚（いなみね せいそ）
《太陽のある家族》1998 年

稲嶺は沖縄県那覇市生まれの画家。昼と夜など異なる時間や場所をひとつの絵に収めるといった、独自の絵画様式を確立させている。

真喜志勉（まきし つとむ）
《飛行機シリーズ（ファイナルカウントダウン）》
1980 年

戦後沖縄の前衛美術界のパイオニアともいわれる画家の代表作。ポップさを残しつつ、社会的メッセージの強い作品を多く手がけた。

博物館では「海と島に生きる」をテーマに、沖縄の自然、歴史、文化を紹介している。

沖縄の歴史と美術の流れを総覧

沖縄の自然や歴史、文化を紹介した「博物館」と、「美術館」からなる2007年に開館した複合館です。美術館では、沖縄出身作家やゆかりのある作家の近現代美術作品を中心にすえ、沖縄を取り巻くアジアの美術も合わせて収集しています。年2、3回入れ替えながら常設展示を開催。

展示をより深く楽しむには、まず博物館を訪れ、琉球王朝から現在の沖縄に至るまでの展示を観て、その上で美術館を訪れてみましょう。展示作品の作家が、これまでの沖縄の歴史を真摯に受け止め、その上で表現活動を行っていることが感じられると思います。

沖縄の城《グスク》の石垣をイメージしたという建物は、外壁に琉球石灰岩と海砂などを混ぜ込んだセメントを用いており、青空に映える美しさです。

DATA

沖縄の城（グスク）をイメージした建物。

098-941-8200
9：00～18：00、金・土曜～20：00
※入館は閉館30分前まで
休 月曜（祝日・振り替え休日・慰霊の日の場合は翌平日）、年末
¥ 博物館常設展：一般410円　美術館コレクション展：一般310円　いずれも70歳以上無料ほか
※いずれも企画展・特別展は展示内容により異なる
沖縄都市モノレールゆいレールおもろまち駅から徒歩10分、または「沖縄バス」県立博物館前バス停下車すぐ
http://www.museums.pref.okinawa.jp/

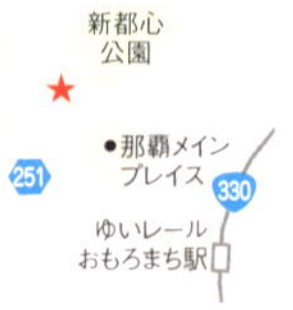

那覇市おもろまち3-1-1

COLUMN

再オープンが待ち遠しい!!

ただ今、準備・休館中

詳細なオープン日や開館時間などは、各公式ウェブサイトをご確認ください。

福岡

2019年3月
再オープン予定

MUSEUM 100 福岡市美術館

水と緑のあふれる大濠公園の好立地に1979年開館。旧福岡藩主黒田家ゆかりのものをはじめ、古美術から近現代美術まで約1万6千点ものコレクションを誇る。前川國男が設計した建物の意匠を継承しつつ、施設設備や展示・保存環境をさらに整えるべく準備中。

http://www.fukuoka-art-museum.jp/

春屋宗園（賛）
《黒田如水像》
江戸時代

黒田如水は黒田官兵衛としても知られる戦国武将で、福岡藩祖となった。春屋宗園は官兵衛が帰依した京都・大徳寺の禅僧。

入口ではバリー・フラナガンの彫刻がお出迎え。屋外にはほかに草間彌生作品も。

撮影：山﨑信一

東京

2018年度中再オープン予定

MUSEUM 102 東京都現代美術館

1995年、現代美術の収集・展示を目的に江東区清澄白河に開館。現代美術の流れを展望できる常設展、大規模な国際展など幅広いテーマの企画展を開催している。改修工事で休館中。

館内には約10万冊の美術関連図書を揃えた図書室も開室する予定。

http://www.mot-art-museum.jp/

大阪

2020年再オープン予定

MUSEUM 101 藤田美術館

明治時代に活躍した実業家・藤田傳三郎の集めた東洋古美術品の保存・展示を目的に1954年に開館。展示棟や事務所棟の老朽化に当たり、施設を全面的に建て替えるために休館中。

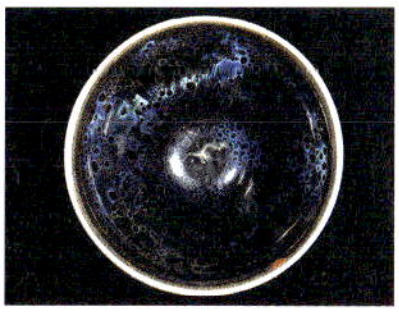

《曜変天目茶碗》
［国宝］
南宋時代
（12～13世紀）

同種の茶器は世界に3点のみ。宇宙に浮かぶ星のような輝き。

http://fujita-museum.or.jp/

本書の刊行に当たり、
たくさんの方にご協力いただきました。
この場を借りてお礼申し上げます。
ありがとうございました。

写真：アサヒビール大山崎山荘美術館

浦島茂世　moyo urashima

美術館、博物館、資料館はおまかせ。美術館訪問が日課のフリーライター。時間を見つけては美術館やギャラリーへ足を運び、内外の旅行先でも美術館を訪ね歩く。Web や雑誌など、幅広いメディアで活躍中。主な著書に『東京のちいさな美術館めぐり』＜単著＞、『京都のちいさな美術館めぐり』＜共著＞（ともに G.B. 刊）がある。

AllAbout 美術館　オフィシャルガイド。
http://fudan-museum.hatenablog.com/

staff

編集	中尾祐子
営業	峯尾良久
撮影	入交佐妃、宗野 歩
カバーデザイン	山口喜秀（G.B. Design House）
デザイン	別府 拓（G.B. Design House）
DTP	くぬぎ太郎、野口暁絵（TAROWORKS）
地図制作	マップデザイン研究室
校正	大木孝之

企画展だけじゃもったいない
日本の美術館めぐり

初版発行　2018 年 1 月 30 日

著者	浦島茂世
発行人	坂尾昌昭
編集人	山田容子
発行所	株式会社 G.B. 〒 102-0072　東京都千代田区飯田橋 4-1-5
電話	03-3221-8013（営業・編集）
FAX	03-3221-8814（ご注文）
印刷所	株式会社廣済堂

ISBN 978-4-906993-48-2